## समर्पण

मेरी प्यारी बिटिया आइवी,

स्नेही पत्नी नीरजा

और

आदरणीय माता-पिता के लिए

श्री बिकास राय चौधरी

श्रीमती लीला राय चौधरी

# 360°

# पोस्च्युरल मेडिसिन

डॉ. बिस्वरूप राय चौधरी

DIAMOND BOOKS

**India Office:**
**C/o India Book of Records**
B-121, 2nd Floor, Greenfields,
Faridabad -120003 (Haryana),
India
Ph.: +91-9312286540

**Malaysia Office:**
**C/o Bishwaroop International Healing & Research**
PT 573, Lot 15077 Jalan Tuanku
Munawir,
70000 Negeri Sembilan, Malaysia
Tel: +6012-2116089

**Vietnam Office:**
**C/o Vietnam Book of Records**
148 Hong Ha Street
9 Award, Phu Nhuan District,
Ho Chi Minh City, Vietnam
- Hotline: (+84) 903710505

**Switzerland Office:**
**C/o Nigel Kingsley**
Kraftwerkstr. 95, ch-5465, Mellikon,
Switzerland
Tel: 0041 79 222 2323

**FOLLOW ME**

**Facebook:** https://www.facebook.com/drbrc.official/
**Twitter:** https://twitter.com/drbrcofficial
**Bitchute:** https://www.bitchute.com/channel/drbiswarooproychowdhury/
**Instagram:** https://www.instagram.com/dr.biswarooproychowdhury/
**Telegram:** https://t.me/drbiswarooproychowdhury
**Email:** biswaroop@biswaroop.com
**Website**: www.biswaroop.com
**Video Channel:** www.coronakaal.tv

**रिसर्च**: रचना शर्मा
**हिंदी अनुवाद व रूपांतरण**: रचना भोला 'यामिनी'
**ग्राफिक डिजाइन**: स्वपन बनिक

**डायमंड पॉकेट बुक्स**
एक्स-30, ओखला इंडस्ट्रियल एरिया, नई दिल्ली-110020
फोन: 011-40712100 ई-मेल: sales@dpb.in वेबसाइट: www.diamondbook.in

# विषय सूची

# प्रस्तावना

**गुरुत्वाकर्षण, दवा के रूप में**

यह संभवतः दुनिया की पहली पुस्तक होगी जिसे धरती की सबसे महानतम शक्ति गुरुत्वाकर्षण को दवा के रूप में प्रयुक्त करते हुए, पोस्च्युरल विज्ञान पर लिखा गया है। इस पुस्तक को पढ़ने के बाद आप निश्चित रूप से मान लेंगे कि मौजूदा चिकित्सा तंत्रों जैसे एलोपैथी (आधुनिक चिकित्सा), होमियोपैथी, आयुर्वेद, नेचुरोपैथी आदि की तुलना में पोस्च्युरल विज्ञान सबसे तेज़, सुरक्षित और प्रमाणों पर आधारित विज्ञान है। इसके साथ-साथ इसे बिना किसी लागत के प्रयोग में लाया जा सकता है। पोस्च्युरल मेडिसिन से इलाज करवाने के लिए आपको किसी प्रकार के रसायनों/दवाओं और उच्च तकनीकयुक्त उपकरणों पर निर्भर होने की आवश्यकता नहीं है। इसके अनेक उपाय तो ऐसे हैं जिन्हें आप किसी अन्य चिकित्सा तंत्र में पाने के बारे में सोच तक नहीं सकते। इस तकनीक द्वारा निम्नलिखित अपेक्षाएं की जा सकती हैं :

**1.** 70 प्रतिशत डायलसिस रोगियों का डायलसिस तुरंत प्रभाव से रोका जा सकता है।

**2.** उच्च रक्तचाप के सौ प्रतिशत रोगी बिना किसी दवा के तुरंत अपने रक्तचाप को नियंत्रित कर सकते हैं।

**3.** इस थेरेपी की मदद से किसी रोगी के ऑन गोइंग हार्ट अटैक को रोका जा सकता है।

**4.** इसकी मदद से लीवर सिरोसिस को रोक सकते हैं।

**5.** इसकी थेरेपियों की सहायता से फाइबरोमाइलजिया को रोक कर, रोगी को स्वस्थ कर सकते हैं।

**6.** अनिद्रा रोग का उपचार किया जा सकता है।

**7.** इससे किसी भी तरह के जीव-जंतु के काटने, डंक मारने आदि से होने वाले दर्द का प्रभावी दर्द प्रबंधन हो सकता है।

8. इन थेरेपियों की मदद से किडनी/लीवर ट्रांसप्लांट को रोका जा सकता है।

9. इन थेरेपियों में सभी न्यूरोडिजेनेरेटिव रोगों की चिकित्सा शामिल है जिनमें पार्किन्सन, अल्जाइमर आदि शामिल हैं।

10. रोगी को इन थेरेपियों को अपनाने से हल्के एनस्थीसिया जैसा प्रभाव मिलता है, जिससे उसके मन और शरीर को शांत होने में मदद मिलती है।

यह पुस्तक ग्रेड (GRAD) सिस्टम पर आधारित पोस्च्युरल मेडिसिन का परिचय भी देती है, जो एक आम आदमी को इस योग्य बना देती है कि वह स्वयं 27 प्रमुख एमर्जेंसी दशाओं और जानलेवा स्वास्थ्य दशाओं का प्रबधन कर सकता है।

इस पुस्तक के लांच के समय (लांच, 31 अक्टूबर, 2021), नेशनल यूनिटी डे, सरदार वल्लभ भाई पटेल की जन्म की वर्षगांठ), पोस्च्युरल मेडिसिन पर आधारित यह चिकित्सा हर भारतीय को निम्नलिखित माध्यमों से प्राप्त होगी:

1. 1000 से अधिक श्रीधर यूनिवर्सिटी सर्टिफाइड एक्सपर्ट का नेटवर्क। पोस्च्युरल मेडिसिन विशेषज्ञ बनने के लिए इस लिंक पर जाएँ:

www.biswaroop.com/epm

2. 100 से अधिक क्लीनिक। निकटतम क्लीनिक तक जाने के लिए इस लिंक पर जाएँ:

www.biswaroop.com/hiimsclinic

3. पोस्च्युरल मेडिसिन के प्रशिक्षित स्टाफ सहित भारत का पहला अस्पताल।

(एचआईआईएमएस - HIIMS – हॉस्पिटल एंड इंस्टीट्यूट ऑफ इंटीग्रेटिड मेडिकल साइंस)। अस्पताल में प्रवेश के लिए निम्न लिंक पर जाएँ:

www.biswaroop.com/chdhospital

**We believe:** "To Cure,
remove the cause"

**Postural Medicine • Allopathy • Homeopathy • Ayurveda • Naturopathy**

**4.** आप अपने घर बैठे आराम से ग्रेड सिस्टम से चिकित्सा करवा सकते हैं। इसके लिए आपको हमें वर्चुअल ओपीडी के माध्यम से संपर्क करना होगा। इसके लिए निम्न लिंक पर जाएँ:

www.biswaroop.com/vopd

इस पुस्तक के माध्यम से हम चाहते हैं कि मनुष्य मात्र को उसकी पीड़ा और कष्टों से मुक्ति मिले ताकि यह संसार जीने के लिए और बेहतर जगह बन सके।

आप दुनिया की सबसे डाउन टू अर्थ मेडिसिन - द पोस्च्युरल मेडिसिन के बारे में जानने जा रहे हैं!

Happy exploring the Gravity!

**डॉ. बिस्वरूप राय चौधरी**

# भाग - 1

# एमर्जेंसी और पेन मैनेजमेंट

यह किताब आधारित है

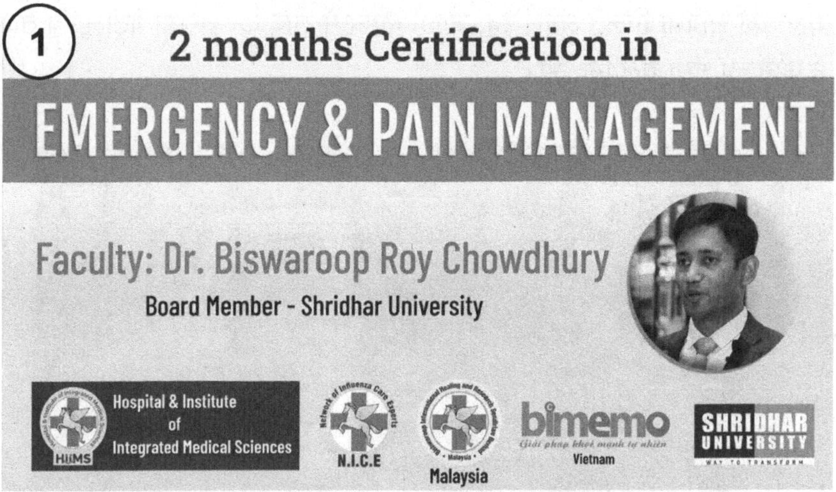


यह शीर्षक पड़ते ही आपके मन में कौतूहल अवश्य आया होगा कि हम किस एमर्जेंसी और पेन मैनजमेंट यानी आपातकाल और पीड़ा प्रबंधन की बात कर रहे हैं। इसे समझने और जानने से पहले आपको एक बीते हुए ज़माने की बात याद दिलाना चाहता हूँ। आपसे आग्रह है कि यदि आप नब्बे के दशक से जुड़े इस उदाहरण को न समझ सकें तो अपने परिवार में माता-पिता या किसी बड़े भाई/बहन की मदद लें जो उस दशक में पले-बढ़े हों और इस विषय में जानकारी रखते हों। मुझे पूरा विश्वास है कि इस उदाहरण को देखने के बाद आपके लिए मेरी बात को समझना सरल होगा।

## अल्पकालीन समाधान

मान लें कि आप वर्ष 1990 का उदाहरण ले रहे हैं। उस समय पेट्रोल पंपों की सुविधा इतनी अधिक नहीं थी, जितनी अब है। इस तरह जब कभी स्कूटर में पेट्रोल अचानक और असमय समाप्त हो जाता तो स्कूटर को घसीट कर निकटतम पेट्रोल पंप तक ले जाना पड़ता था ताकि उसमें पेट्रोल डलवा कर दोबारा काम पर जाया जा सके।

किसी वस्तु की मार्केटिंग हमेशा लोगों की समस्याओं के अल्पकालीन समाधान प्रस्तुत करती है और तब भी यही हुआ। यदि कहीं सुनसान रास्ते में स्कूटर में पेट्रोल खत्म हो जाता तो स्कूटर को उठा कर निकटतम पेट्रोल पंप तक ले जाने के लिए किसी बड़े वाहन की सुविधा मिलने लगी। स्कूटर को वाहन में लाद कर घर या पेट्रोल पंप तक ले जाने का धंधा चल निकला।

2

## स्कूटर का एमर्जेंसी प्रबंधन

इसके साथ ही एक व्यक्ति ने एक और अनूठा उपाय सुझाया जिसमें किसी ऐसे वाहन को पैसा देने की आवश्यकता नहीं थी। उसने बताया कि यदि स्कूटर में तेल न रहे तो उसे हल्का-सा झुका कर, दोबारा चालू करने से वह चालू हो जाता है क्योंकि स्कूटर में बचा तेल इंजन तक आ जाता है और इस तरह वह आसानी से निकटतम पंप या घर तक पहुँचा देता है। यहाँ पर गुरुत्वाकर्षण का नियम अपनी भूमिका निभा रहा था। गुरुत्वाकर्षण ने स्कूटर में बचे हुए ईंधन को इंजन तक भेजा ताकि उसका एमर्जेंसी प्रबंधन हो सके। हमने गुरुत्वाकर्षण के नियम को अपने लाभ के लिए प्रयुक्त किया। हो सकता है कि आजकल आने वाले स्कूटरों में इस तरह कर पाना संभव न हो परंतु

आपको अपनी बात समझाने के लिए मैंने नब्बे के दशक में आने वाले स्कूटरों का उदाहरण लिया। इस तरह से केवल एक हानि हुई कि जो बड़े वाहन स्कूटर को लाद कर ले जाने के पैसे ले रहे थे, उनका काम ठप्प पड़ गया।

3

## गुरुत्वाकर्षण प्रतिरोध

हम इस पुस्तक के माध्यम से आपको ऐसा ही कुछ सिखाने जा रहे हैं। यही गुरुत्वाकर्षण का नियम हम मनुष्य के शरीर पर भी लागू कर सकते हैं। मनुष्य के शरीर में लगभग हर प्रकार की आपातकाल स्थिति में गुरुत्वाकर्षण प्रतिरोध का प्रयोग कर उसकी प्राणरक्षा की जा सकती है।

## वेंटीलेटर प्रसंग

हमारे करीबन साढ़े सात सौ एन.आई.सी.ई. (N.I.C.E) विशेषज्ञ, पिछले डेढ़ साल से कोरोना के उपचार में जाने-अनजाने में इस तकनीक का उपयोग करते आ रहे हैं। आप सबको याद होगा कि कोरोना काल में डब्लयू. एच. ओ. का प्रोटोकॉल क्या रहा और किस तरह वेंटीलेटर मशीन के नाम की धूम मची। कहा गया कि यह मशीन उस रोगी के लिए जीवनरक्षक का काम करती थी जिसके फेफड़ों तक ऑक्सीजन नहीं पहुँचता

और फेफड़े काम करना बंद कर देते हैं। यहाँ आप इस ख़तरनाक वेंटीलेटर मशीन की तुलना उस ट्रक से कर सकते हैं जो पेट्रोल समाप्त होने की दशा में, स्कूटर को लाद कर व्यक्ति के घर अथवा निकटम पेट्रोल पंप तक पहुँचाता था। यह मशीन भी इस जगह वही भूमिका निभाती है और मेडिकल एमर्जेंसी में रोगी को तत्काल वेंटीलेटर मशीन पर डाल दिया जाता है।

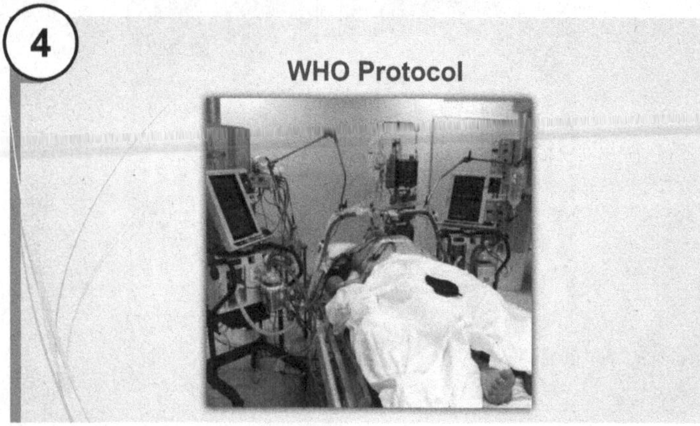


## एन.आई.सी.ई. (N.I.C.E) विशेषज्ञ और कोरोना उपचार

हमारे एन.आई.सी.ई. विशेषज्ञों ने कोरोना के उपचार में स्कूटर को हल्का-सा टेढ़ा करने वाली तकनीक अपनाई। हालांकि हमारे कोरोना उपचार करने वाले अस्पतालों में ऑक्सीजन आदि देने की सुविधा थी, परंतु किसी भी रोगी को ऑक्सीजन नहीं दी गई। जिन रोगियों का एसपीओ2 (SpO2) यानी ऑक्सीजन सैचुरेशन का स्तर 40 तक आ गया था, उन्हें भी प्रोन वेंटीलेशन पर डाला गया। हमने गुरुत्वाकर्षण प्रतिरोध से वांछित नतीजे प्राप्त किए। प्रोन वेंटीलेशन में रोगी को पेट के बल लिटाया जाता है और ज्यों ही ऐसा करते हैं तो उसका हृदय आगे की ओर आ जाता है जिससे फेफड़ों की क्षमता बीस प्रतिशत बढ़ जाती है। और यही बीस प्रतिशत किसी रोगी की मरणासन्न अवस्था को जीवन में बदल देते हैं। रोगी को आपातकाल में फेफड़ों तक ऑक्सीजन मिलने लगती है और उसकी तबीअत में सुधार होने लगता है। इसके अतिरिक्त उन्होंने रोगियों

को आगे की ओर झुका कर बिठाने व नाक के आगे छोटा पंखा लगाने वाला उपचार भी दिया। इन तकनीकों की मदद से, दो से पाँच मिनट के भीतर रोगी के एसपीओ2 (SpO2) का स्तर बढ़ने लगता है और वह आधे घंटे तक आरामदायक अवस्था में आ जाता है। एक ही दिन में रोगी इतना स्वस्थ हो जाता है कि उसे प्रोन वेंटीलेशन देने की आवश्यकता नहीं रहती।

## प्रोन वेंटीलेशन, वेंटीलेटर के बराबर है?

क्या ये प्रोन वेंटीलेशन, वेंटीलेटर के बराबर है? नहीं, इन दोनों की तुलना नहीं की जा सकती क्योंकि वेंटीलेटर मौत का दूसरा नाम है। प्रोन वेंटीलेशन बिना किसी दुष्प्रभाव और ख़र्च के रोगी का तुरंत उपचार करता है, जैसा कि हम अपने अनेक कोरोनाग्रस्त रोगियों के उपचार में देख चुके हैं।

हमारे एक डॉक्टर मित्र और विशेषज्ञ के.बी. तुमाणे पिछले पैंतीस वर्षों से फेफड़ों से जुड़े रोगों की चिकित्सा करते आ रहे हैं और उनका कहना है कि उन्होंने कभी किसी ऐसे रोगी को अस्पताल से जीवित बाहर आते नहीं देखा जिसे वेंटीलेटर पर रखा गया हो।

कोरोना उपचार के दौरान फेफड़े के रोगियों को वेंटीलेटर पर रख कर लाखों रुपए के बिल बनाए गए और इसके बावजूद रोगियों के बच कर आने की संभावना शून्य थी। हमारे एन.आई.सी.ई. (N.I.C.E) विशेषज्ञों ने इस विज्ञान की जानकारी के बल

पर जयपुर, अहमदनगर और चंडीगढ़ स्थित हमारे कोरोना चिकित्सा केंद्रों में हज़ारों रोगियों को रोगमुक्त किया और उनका ज़ीरो डेथ का रिकॉर्ड रहा।

हम इन तथ्यों के आधार पर कह सकते हैं कि वेंटीलेटर एक ऐसी मशीन है जो अब चलन से बाहर हो चुकी है। हमारे पास इसके बजाए अन्य विकल्प उपस्थित हैं जो सौ प्रतिशत सुरक्षित हैं।

प्रायः अस्पतालों में फेफड़े के रोगियों को पीठ के बल लिटाया जाता है। आप इससे ही अनुमान लगा सकते हैं कि यदि आप फेफड़ों के रोगी को पीठ के बल लिटा रहे हैं तो अपने हाथों से उसका गला घोंट रहे हैं। सम्भवतः वे भी जानते हैं कि यदि किसी ऐसे रोगी को पेट के बल लिटाया तो फेफड़े स्वयं ही ऑक्सीजन लेने लगेंगे, वे वेंटीलेटर का काम करेंगे और रोगी को किसी ऑक्सीजन सिलेंडर की आवश्यकता नहीं होगी।

हम इस विषय में और अधिक विस्तार से बात नहीं करेंगे क्योंकि हम यह जानकारी अपनी वेबसाइट, क़िताबों, सेमीनारों आदि के माध्यम से आप सब तक पहुँचा चुके हैं। यदि आप इस विषय में नही जानते तो www.coronakaal.tv पर जा कर सब कुछ देख सकते हैं। वहाँ आपको इनके हज़ारों उदाहरण देखने को मिलेंगे। हमने वेंटीलेटर और ऑक्सीजन सिलेंडर के प्रयोग को बंद कर, रोगियों को प्रोन वेंटीलेशन और डाइट के माध्यम से उपचार दिया जो पूरी तरह से सुरक्षित, तीव्र, बिना किसी दुष्प्रभाव के था, और निःशुल्क दिया गया।

अब प्रश्न यह उठता है कि क्या हम अन्य एमर्जेंसी मेडिकल उपकरणों के स्थान पर भी ऐसे ही उपाय और तकनीक प्रयुक्त कर सकते हैं।

उत्तर होगा: जी हाँ!

## डायलसिस और किडनी रोगियों के लिए सुनहरा वाक्य

यदि आप हमारी यह तकनीक सीख लेते हैं तो किसी भी डायलसिस करवाने वाले या किडनी रोगी को ऐसा वाक्य कह सकते हैं जो उसके जीवन का सबसे मधुर और सुनहरा वाक्य होगा। निःसंदेह उसके जीवन में इससे मधुर वाक्य और हो ही नहीं सकता।

आप उन्हें कह सकते हैं: **'आपको अब से डायलसिस करवाने की आवश्यकता नहीं है।'**

6

जिस प्रकार आपने जीवनशैली से जुड़े रोगों के लिए डी आई पी डाइट (DIP Diet) को सीखा, एन.आई.सी.ई. (N.I.C.E) प्रोटोकॉल को सीखा या 3 स्टेप फ्लू डाइट (3 step flu Diet) की मदद से संक्रामक रोगियों का उपचार किया। उसी तरह आज हम आपको ग्रेड सिस्टम की जानकारी देने जा रहे हैं।

## ग्रेड सिस्टम (GRAD System – Gravitational Resistance and Diet system)

ग्रेड सिस्टम का अर्थ है: **ग्रेवीटेशनल रेजिस्टेंस और डाइट सिस्टम**

यह कई मेडिकल एमर्जेंसी में कहीं अधिक तेज़ी से, सुरक्षित तरीके से लंबे समय तक रोगी को निरोगी रखता है। यह तकनीक बहुत कम खर्च में रोग का उपचार करती है और रोगी अपनी चिकित्सा के लिए किसी पर निर्भर नहीं रहता।

मैं आपको चुनौती देता हूँ कि आप अपने किसी भी ऐसे परिचित रोगी पर इसे आज़मा कर देखें जो डायलसिस करवा रहे हों। वे निश्चित रूप से स्वस्थ हो कर आपके सामने होंगे।

7

**GRAD System** (Evidence based)

- 70% of the Dialysis patients can stop dialysis with immediate effect.
- 100% of BP Patients can control BP without medication almost immediately.
- Can have a best chance of halting an ongoing heart attack.
- Can halt Liver Cirrhosis
- Can halt & reverse Fibromyalgia
- Can cure Insomnia
- Effective treatment for Pain management of Bites / Stings / Envenomation
- Most effective treatment for all neurodegenerative disease including Parkinson / Alzhiemer
- Can avoid kidney / liver transplant
- Light anesthesia / seduction effect to calm the patient

- ग्रेड सिस्टम में 70 प्रतिशत रोगियों का डायलसिस तत्काल बंद हो जाता है।
- ब्लड प्रेशर के सौ प्रतिशत रोगी बिना किसी दवा के तत्काल अपने रक्तचाप को नियंत्रित कर सकते हैं।
- यदि किसी को हार्ट अटैक आ रहा हो तो उस व्यक्ति के प्राणों की रक्षा करना संभव हो जाता है।

यह हम सभी जानते हैं कि जो भी संसार में जन्मा है, उसकी मृत्यु अवश्य होगी परंतु यदि हम किसी को असमय मृत्यु से बचा सकते हैं तो क्यों न उस उपाय को आज़माया जाए। यह जानकारी आपको केवल कल्पना के आधार पर नहीं दी जा रही। हमारे पास अपनी बातों के लिए यथेष्ट प्रमाण मौजूद हैं जो पाठकों के समक्ष प्रस्तुत किए जा सकते हैं।

- यह ग्रेड सिस्टम लीवर सिरोसिस को रोक सकता है।
- अनिद्रा रोग का उपचार करता है।
- यदि किसी व्यक्ति को कोई विषैला कीट-पतंगा आदि काट ले और तेज़ दर्द हो रहा हो तो यह सिस्टम उसका भी तुरंत उपचार करते हुए पीड़ा का प्रबंधन करता है।
- यह ग्रेड सिस्टम हर प्रकार के न्यूरोडिजेनेरेटिव रोगों के प्रभावी इलाज में भी सक्षम है जिनमें आप पार्किन्सन और अल्ज़ाइमर का नाम भी ले सकते हैं। वे रोगी भी इस उपचार से लाभान्वित होंगे।

यदि हम अपनी पृष्ठभूमि की बात करें तो जब हमारे एन.आई.सी.ई. (N.I.C.E) विशेषज्ञों के पास ऐसे रोगी आये जिन्हें साँस लेने में बहुत तकलीफ़ हो रही थी। जिनके फेफड़ों में दिक्कत आ रही थी या निमोनिया हो गया था तो ऐसे में हमारे विशेषज्ञों ने क्या किया।

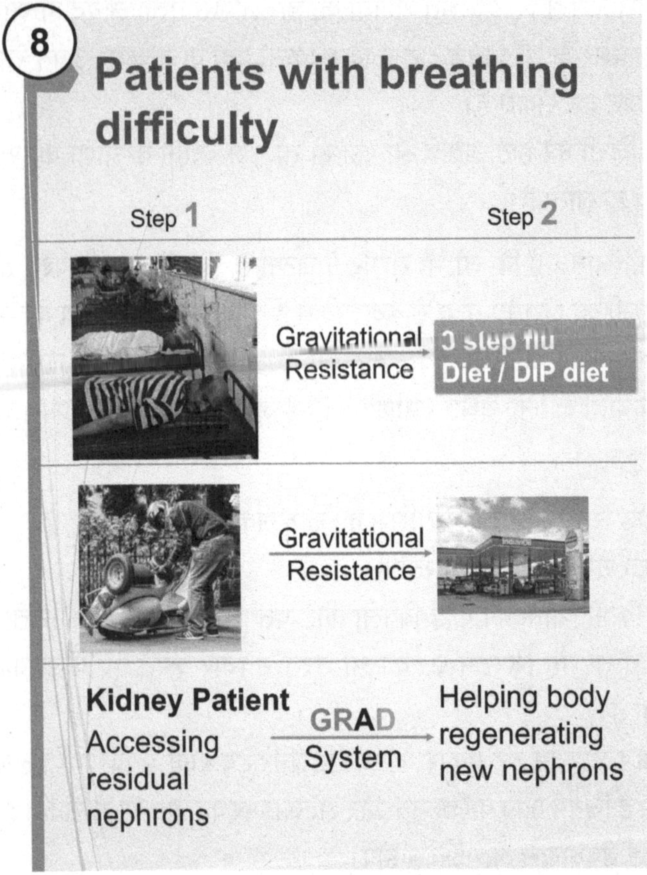


## दो चरणों वाली चिकित्सा

उन्होंने दो चरणों में रोगियों को चिकित्सा प्रदान की:

प्रथम चरण में प्रोन वेंटीलेशन दिया गया। गुरुत्वाकर्षण प्रतिरोध का प्रयोग करते हुए, रोगी को पहले आपातकाल से बाहर निकाला और फिर उसे स्थायी रूप से रोगमुक्त करने का प्रयास किया गया। शरीर और ग्रेविटी के संबंध का लाभ उठाया गया। कुछ ही मिनटों में रोगी का ऑक्सीजन का स्तर बढ़ने लगा और कुछ घंटों की प्रोन वेंटीलेशन

स्थिति के बाद उसमें इतना सुधार आ गया कि अब उसे प्रोन वेंटीलेशन की जरूरत नहीं रही। इसके विपरीत अस्पताल में ले जाते ही ऐसे रोगियों को गंभीर घोषित कर वेंटीलेटर पर डाल दिया जाता है और कहा जाता है कि उसके फेफड़े काम नहीं कर रहे इसलिए वेंटीलेटर उसके शरीर को ऑक्सीजन देने का काम करेगा। महीनों इस स्थिति में रहने के बाद अगर कोई रोगी जीवित बच कर आ भी जाता है तो उसके जीवन की सारी कमाई अस्पताल के नाम पर व्यय हो चुकी होती है। वह भी गनीमत है कि अगर रोगी बच जाए अन्यथा वेंटीलेटर के मामले में रोगी की मौत लगभग सुनिश्चित है।

तो पहले चरण में हमने रोगी के ऑक्सीजन के स्तर को बढ़ाया और फिर 3 स्टेप फ्लू डाइट (3 step flu Diet) और डीआईपी डाइट (DIP Diet) के माध्यम से शरीर में मृत पड़ चुकी कोशिकाओं यानी डैड सैल को जीवित करने का कार्य किया।

यह कुछ ऐसा ही हुआ कि स्कूटर में तेल नहीं था, उसे टेढ़ा करके बचे-खुचे तेल को इंजन तक पहुँचा कर स्कूटर को चलने लायक बनाया गया और स्कूटर पेट्रोल पंप तक पहुँच गया जहाँ उसके लिए ईंधन ही ईंधन था।

पहले हमने एमर्जेंसी का प्रबंधन किया और दूसरे चरण में चोट खाई हुई या मृत कोशिकाओं को जीवित करने की प्रक्रिया में डाइट का सहारा लिया।

ठीक यही बात किडनी के रोगी या फिर डायलसिस करवाने वाले व्यक्ति के लिए कही जा सकती है।

## किडनी की घटी हुई कार्य क्षमता

यदि किसी रोगी की किडनी फेल हो जाती है तो इसका अर्थ होता है कि उसकी किडनी या गुर्दों की कोशिकाएँ कम काम करने लगी हैं या बहुत सारे किडनी सैल मर चुके हैं। उनकी कार्यक्षमता कम हो गई है। किडनी काम तो कर रही है परंतु इतना काम नहीं कर पा रही कि अपनी सभी गतिविधियों को सही तरह से पूरा कर सके। किडनी कभी पूरी तरह से काम करना बंद नहीं करती, उसकी कार्यक्षमता कम अवश्य हो सकती है।

किडनी की कोशिकाओं को आप नेफरान्स भी कह सकते हैं। किडनी फेलियर से तात्पर्य है कि अधिकतम नेफरान्स कार्य करने में अशक्षम हैं या फिर मृत हो चुके हैं। अब पहले हमें किडनी में मौजूद बचे हुए नेफरान्स तक पहुँचना है, जैसे हम आपातकाल में स्कूटर में बचे हुए तेल तक पहुँचे। उसमें जिस तरह गुरुत्वाकर्षण प्रतिरोध का प्रयोग करते हुए स्कूटर को चलने लायक बनाया था। यहाँ भी उसी तरह किडनी को आपातकाल से बाहर लाना है और फिर जिस तरह स्कूटर को पेट्रोल पंप पहुँचा कर भरपूर पेट्रोल दिया गया था, उसी तरह किडनी में नए नेफरान्स बनाने हैं ताकि वह पूरी तरह से रोगमुक्त हो सके।

इस तरह किडनी के रोगी को डायलसिस करवाने की आवश्यकता नहीं रहेगी।

अब हम विस्तार से उस ग्रेड सिस्टम की चर्चा करेंगे जो कि ग्रेवीटेशनल रेजिस्टेंस और डाइट सिस्टम से जुड़ा है। इसमें दो चरण शामिल हैं और उसके साथ डाइट को शामिल किया जाता है।

## ग्रेड सिस्टम के दो चरण

पहला चरण – रोगी को गर्म पानी से भरे बाथ टब में बिठाना। हालांकि आपको सुनने में यह बहुत ही विचित्र लग सकता है कि डायलसिस करवाने वाले रोगी को केवल गर्म पानी से भरे बाथटब में बिठाने से डायलसिस से छुटकारा कैसे दिलवाया जा सकता है परंतु जैसे-जैसे आप हमारी पुस्तक के अगले पन्नों तक जाते जाएँगे, आपको यह समझ आता जाएगा कि यह आसान-सी लगने वाली तकनीक किस तरह रोगियों की आपातकाल स्थिति को ठीक करते हुए, उन्हें रोगों से आजाद करने में सफल होती है।

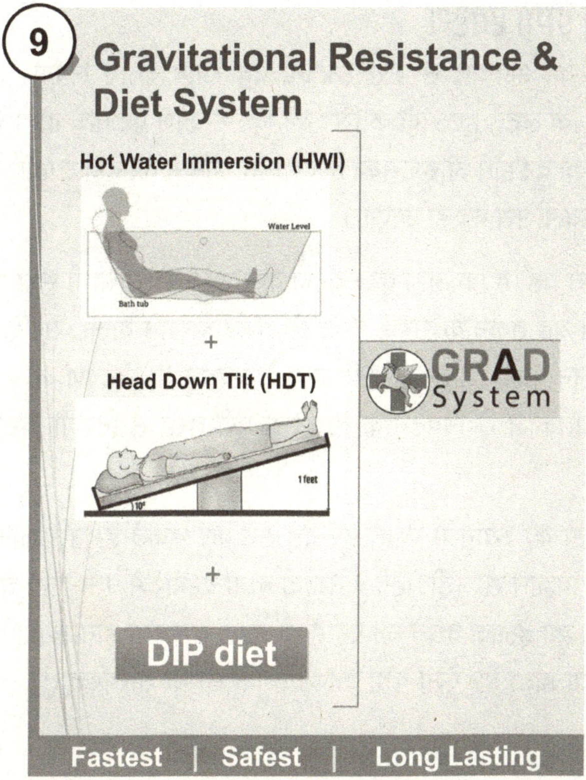


ऊपर दिए गए स्लाइड ⑨ के अनुसार रोगी को गर्म पानी से भरे बाथ टब में बिठाना है और दूसरे चरण में उसे सिर नीचा करते हुए लिटाना है। ये दोनों ही चीज़ें आप स्लाइड ⑨ देख कर समझ सकते हैं।

इनके पालन से न केवल आपातकाल का प्रबंधन होगा बल्कि रोग से भी छुटकारा मिलेगा यानी डायलसिस के रोगी को अगले दिन से डायलसिस करवाने जाने की आवश्यकता नहीं रहेगी। इस तकनीक को अपनाते हुए आपको बहुत छोटी-छोटी बातों का ध्यान रखना है जो कोई बड़ा रॉकेट विज्ञान नहीं कि समझ न आ सके जैसे बाथ टब में पानी का स्तर कितना होगा, पानी का तापमान कितना रखा जाएगा और रोगी के बैठने की पोजीशन क्या होगी, उसके शरीर का कितना हिस्सा उस गर्म पानी में डूबना चाहिए या उसे रोज़ कितनी देर तक उस पानी में बैठना है।

## शरीर स्वयं होगा स्वस्थ

इन तकनीकों को अपनाने से शरीर अपनी दवा आप बनाने लगेगा। आपको यह समझना होगा कि लेटते हुए रोगी के सिर को कितने कोण पर नीचे होना चाहिए। इस तरह समस्या को दूर होने और उसका हल सामने आने में देर नहीं लगेगी। डायलसिस के रोगी का डायलसिस बंद हो जाएगा।

सबसे बड़ी बात यही है कि आप कुछ चीज़ों के साथ बड़ी आसानी से इसे घर पर ही कर सकते हैं। यह तकनीक सबसे तेज़ी से असर दिखाने वाली, सुरक्षित और लंबे समय तक चलने वाली है। हम यहाँ किडनी के प्रबंधन या नियंत्रण की बात नहीं कर रहे। हम आपातकाल से निपटने के बाद उसे पूरी तरह से निरोगी करने का लक्ष्य रखते हैं।

आप किन बातों को ध्यान में रखते हुए यह सब कर सकते हैं, उसे जानने से पहले आपको शरीर विज्ञान से जुड़ी बेहद बुनियादी बातों के बारे में पता होना चाहिए। अगर हम किसी रोग का इलाज करने जा रहे हैं तो पहले यह पता होना चाहिए, मनुष्य का शरीर रोगी क्यों होता है? ऐसा क्या कारण है कि उसके शारीरिक तंत्र में ख़राबी आ जाती है?

## शरीर रोगी क्यों होता है?

जब किडनी फेलियर वाले रोगी को किसी सामान्य अस्पताल में ले जाया जाता है तो उसे वहाँ भर्ती करने से ही इनकार कर दिया जाता है क्योंकि उनके पास बड़े मेडिकल उपकरण नहीं हैं जो वे ऐसे रोगियों की चिकित्सा में प्रयुक्त करते हैं। यदि रोगी को तथाकथित बड़े अस्पताल में ले जाया जाता है तो वे रोगी को भर्ती तो करते हैं परंतु इसके साथ ही उसके परिजनों को इलाज के लिए लाखों रुपए जमा करने के लिए भी कह दिया जाता है। दिन-ब-दिन इलाज का खर्च बढ़ता जाता है और इस बात की गारंटी नहीं होती कि अस्पताल के बिस्तर पर पड़ा रोगी जीवित वापिस भी आ सकेगा या नहीं?

## ऊर्जा का रूपांतरण

अब हम आपको अपनी बात समझाने के लिए एक और उदाहरण लेने जा रहे हैं। एक सूखी हुई लकड़ी का टुकड़ा लें, एक दूसरी लकड़ी का टुकड़ा लें जिसे आग में जलाया गया है, जब आप लकड़ी के टुकड़े को थोड़ा-सा जलाते हैं तो उससे कुछ राख मिलेगी।

अब आपके पास लकड़ी का टुकड़ा, जला हुआ टुकड़ा और उससे निकली हुई राख मौजूद है।

लकड़ी के टुकड़े में एक ऊर्जा थी, जब आपने उसे जलाया तो वह दूसरी ऊर्जा में बदल गयी और संग्रहित ऊर्जा का रूप बदलने से व्यर्थ पदार्थ भी पैदा हुआ जो कि राख है।

ठीक इसी तरह हमारे शरीर के साथ भी होता है। हम जो कुछ भी खाते हैं, वह भोजन हमारे शरीर में जा कर ऊर्जा प्रदान करता है। भोजन को ऊर्जा में बदलने से कुछ अतिरिक्त पदार्थ भी शरीर में इकट्ठा होने लगते हैं जो यूरिया, क्रिएटिनिन, यूरिक एसिड, कैल्शियम, पोटाशियम, कॉलेस्ट्रॉल आदि किसी भी रूप में हो सकते हैं। यहाँ हमारी किडनी महत्त्वपूर्ण भूमिका निभाते हुए, शरीर के इन अतिरिक्त / व्यर्थ पदार्थों को साथ-साथ बाहर निकाल फेंकती है और शरीर के भीतर संतुलन बना रहता है। यदि यही व्यर्थ पदार्थ शरीर से बाहर निकलने बंद हो जाएँ तो मनुष्य के शरीर में सूजन आने लगती है और एक दिन इसी कारण से उसकी मौत भी हो सकती है।

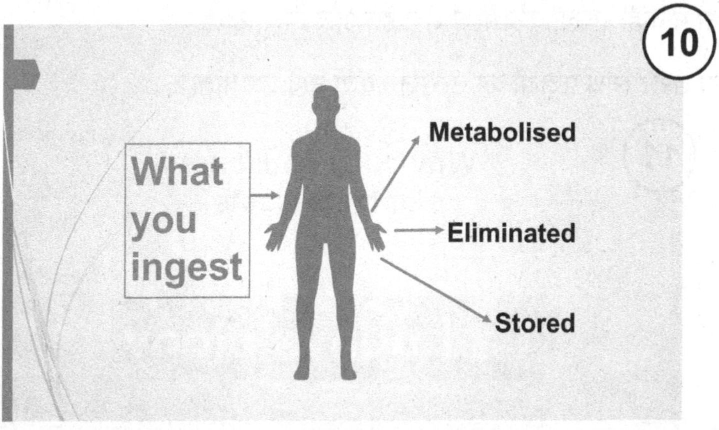

मनुष्य के शरीर में जब भोजन जाता है तो उसका पाचन होता है, मनुष्य को ऊर्जा मिलती है जिससे सारी शारीरिक गतिविधियाँ सुचारु रूप से चलती हैं, इसी दौरान बनने वाले व्यर्थ पदार्थ शरीर से बाहर निकल जाते हैं। यदि वे व्यर्थ पदार्थ शरीर से बाहर जाने के बजाए शरीर में ही जमा होने लगते हैं तो यह संग्रह ही शरीर में रोग पैदा करता है। किडनी की कार्यक्षमता घट गई है और वे व्यर्थ पदार्थ शरीर के किसी भी अंग में जमा हो रहे हैं। वे शरीर के जिस भी अंग में जमा होंगे, उसके भीतर की कोशिकाओं की मृत्यु होगी। ये हमारे मस्तिष्क, हृदय, फेफड़े, गुर्दे आदि अंगों में जमा हो सकते हैं। यह भी हो सकता है कि किसी एक अंग में व्यर्थ पदार्थों का जमाव अधिक हो और किसी दूसरे अंग में थोड़ा हो।

आयुर्वेद के विशेषज्ञ मनीष आचार्य कहते हैं कि शरीर में मल यानी व्यर्थ पदार्थों का जमा होना ही शरीर के लिए रोग का कारण है।

शरीर व्यर्थ पदार्थों को बाहर क्यों नहीं निकाल पा रहा, इस बात को थोड़ा और बेहतर तरीके से समझने के लिए हमें एक वैज्ञानिक शब्द 'पैथोफिजियोलॉजी' को समझना होगा यानी बीमार शरीर का तंत्र क्या है। आप इतना बड़ा नाम देख कर भ्रमित न हों, हम बहुत ही सरल शब्दों में आपको इसकी जानकारी देने जा रहे हैं।

हमें अपने उद्देश्य को भी ध्यान में रखना है। हमें आपातकाल में रोगी की बेहतर से बेहतर मदद करनी है और वह उपलब्ध विज्ञान और आधुनिक मेडिकल उपकरणों की तुलना में कहीं सरल, दुष्प्रभावों से रहित और निःशुल्क।

हमारा शरीर व्यर्थ पदार्थों का उत्सर्जन क्यों नहीं कर पाता?

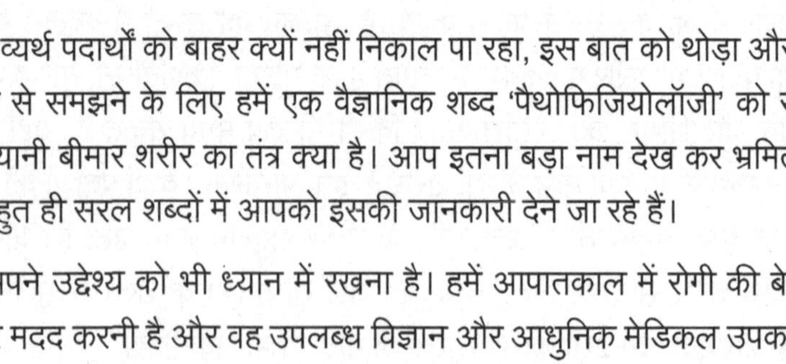

इसे समझने के लिए हमें एक उदाहरण लेना होगा। मान लेते हैं कि आपने एक नयी कार खरीदी है। वह हमेशा नयी तो नहीं रहेगी। आपने कुछ समय तक उस कार को लगातार चलाया और अब उसे सर्विस स्टेशन ले जाने की बारी है ताकि उसकी सर्विसिंग हो सके और वह अपने भीतर तरह-तरह के जमा हो चुके व्यर्थ पदार्थों से मुक्त हो कर बेहतर सर्विस देती रहे। अब मान लेते हैं कि आपने जहाँ गाड़ी की सर्विस करवानी है, वह जगह आपके घर से बहुत दूर है या फिर आपके घर के आसपास है ही नहीं। आप कार की सर्विस नहीं करवाते और उसे इसी तरह लगातार चलाते रहते हैं तो ऐसी दशा में, भले ही आपकी कार कितनी भी महँगी और उच्च तकनीकयुक्त क्यों न हो, एक न एक दिन उसका कोई भाग ख़राब होने लगेगा। उसकी कार्यक्षमता घट जाएगी। उसकी आयु कम होगी।

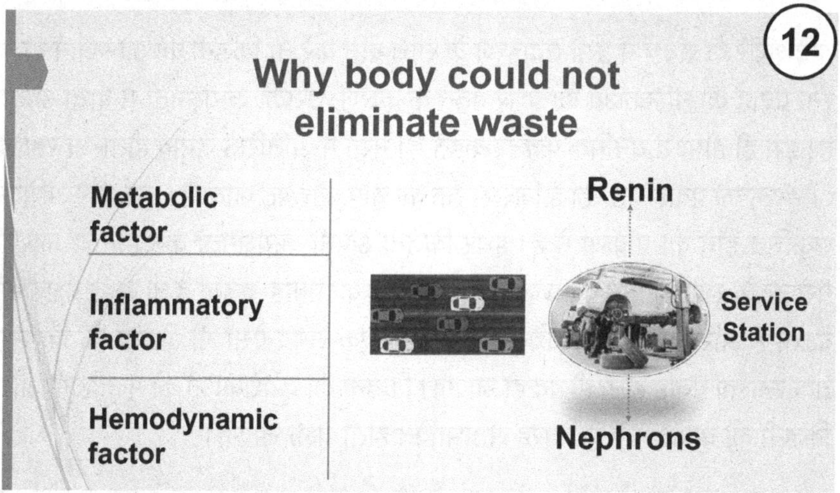


इसी उदाहरण के आधार पर हम किडनी को अपने शरीर का सर्विस स्टेशन मान सकते हैं। किडनी के पास नेफरान्स हैं जो शरीर से व्यर्थ पदार्थ बाहर लाने में सहायक होते हैं। ऊपर दिए गए स्लाइड (12) को देखें। मान लेते हैं कि एक कार अपनी सर्विस करवाने के लिए सर्विस स्टेशन की ओर जा रही है परंतु उस ओर जाने की सड़क बहुत संकरी है। सड़क संकरी हो गई है क्योंकि उसके आसपास अवांछित फेरी वाले

आदि बैठ गए हैं। कार कोशिश करने पर भी सर्विस स्टेशन नहीं जा पा रही। उसकी गति बहुत धीमी हो गई है।

यदि यही दशा रहेगी तो सर्विस स्टेशन तक जाने वाली कारों की संख्या कम होती जाएगी। सर्विस स्टेशन तो कारों के लिए ही बना था। जब उसके पास सर्विस की कारें नहीं आ रहीं तो ऐसे में उसका धंधा बंद होने की संभावना बढ़ जाएगी और वह विज्ञापन के माध्यम से लोगों तक संदेश देगा कि जल्दी से जल्दी अपनी कारें ले कर आओ। मैसेंजर चारों ओर यह संदेश प्रसारित कर देगा कि सर्विस स्टेशन को कारें चाहिए वरना उसका काम बंद हो जाएगा। इधर कार की दशा खराब होती जाएगी। उसकी गति में अंतर आएगा और वह एक दिन ब्रेकडाउन की शिकार होगी।

यदि शरीर के संदर्भ में इसी उदाहरण के साथ बात करें तो किडनी की ओर जाने वाले रक्त प्रवाह की नलिकाओं का प्रेशर बढ़ने के कारण, उसकी कार्यक्षमता में बाधा आती है। इसे ही हीमो डायनेमिक फैक्टर कहते हैं। नसों में अतिरिक्त जमाव होता जा रहा है और रक्त का प्रवाह घट रहा है जिससे रक्त का चाप और बढ़ जाता है। नसें और अधिक संकुचित होने की प्रक्रिया में है। इधर किडनी अपनी कार्यक्षमता कम होने के कारण मैसेंजर के रूप में रेनिन को छोड़ती है, फिर रक्त का प्रवाह बढ़ता है तो ब्लड प्रेशर भी बढ़ता है और नसें और संकुचित होती रहेंगी। एक समय ऐसा भी आएगा कि किडनी तक रक्त का प्रवाह होना ही बंद हो जाएगा। किडनी की कोशिकाओं की मृत्यु होगी और किडनी की कार्यक्षमता बुरी तरह से प्रभावित होती चली जाएगी।

इस प्रकार यह एक दुष्चक्र बन जाता है कि किडनी तक रक्त का प्रवाह न होने से वह रेनिन को संदेशवाहक के रूप में भेजती है, जिसके कारण शरीर में रक्त का चाप बढ़ता है, रक्त का प्रवाह किडनी की ओर आता है परंतु मार्ग संकुचित होने के कारण उसकी गति में प्रवाह नहीं आता और किडनी फिर से अपना संदेशवाहक भेजती है। यह सिलसिला इसी तरह जारी रहता है और किडनी की हालत खराब होती जाती है।

जब किडनी के रोगियों के शरीर में रक्तचाप बढ़ता है तो डॉक्टर रक्तचाप घटाने की दवाएँ दे देते हैं परंतु उनसे रक्त नलिकाओं की मोटाई कम नहीं होती। इसके विपरीत

समस्या बढ़ती ही जाती है। कुछ समय के लिए रक्तचाप कम होने से काम चलता है परंतु रक्तनलिकाओं की क्षमता और घटती है।

13

**Anti Hypertensive Drugs**

&

NSAIDs causes complication and progression of kidney failure

*NSAIDs: Acute kidney injury (acute renal failure). UpToDate*

*Renal Effects of Antihypertensive Drugs. Drugs volume 37, pages 900–925 (1989)*

हम आपको यहाँ जो तकनीक दे रहे हैं, वह केवल कल्पना पर आधारित नहीं है। ये वैज्ञानिक साक्ष्यों और प्रमाणों के साथ दी जा रही हैं और इन्हें रोगियों पर आज़माने और इनके परिणाम देखने के बाद ही इन्हें आपके आगे प्रस्तुत किया जा रहा है ताकि बिना किसी की मदद के आप भी प्रयुक्त कर सकें।

14

| **Chemical changes needed to cure kidney failure** | **Factor causing kidney failure** | |
|---|---|---|
| ↑ IL-6, IL-Ira, Hsp 72, iHSP72, leading to increase in sensitivity | Metabolic factor | Renin   Nephrons |
| ↑ NO | Inflammatory factor | |
| ↓ Norepinephrine Vasopressin Renin | Hemodynamic factor | |

जब हीमोडायनेमिक्स के कारण रक्त का प्रवाह किडनी तक नहीं जा पाता तो उसकी कोशिकाएँ मरने लगती हैं। शरीर में व्यर्थ पदार्थों का उत्सर्जन नहीं होने से, उनका संग्रह बढ़ता जाएगा। रक्त नलिकाएँ संकरी होती चली जाएँगी और इंफ्लामेशन के कारण उनमें गड्ढे पड़ने लगते हैं। यदि सरल भाषा में कहें तो उनके भीतर माइक्रो जख़्म होने लगते हैं।

इसके अतिरिक्त मेटाबॉलिक कारक भी एक कारण बनता है जैसे डायबिटीज एक मेटाबॉलिक रोग है। हम भोजन से जो शुगर ग्रहण करते हैं, यदि शरीर उसका उपयोग नहीं कर पाता तो वह शरीर में ही रह जाती है। रक्त में शुगर अधिक होने से भी रक्त के प्रवाह में कमी आने लगती है। किडनी में मृत कोशिकाओं की संख्या बढ़ने लगती है और कई बार तो स्थिति इतनी गंभीर होती है कि रोगी की मृत्यु तक हो जाती है। यह मृत्यु अपने-आप में बहुत पीड़ादायी हो सकती है।

यदि हम चाहें तो इस प्रक्रिया पर रोक लगा सकते हैं। इसके लिए कुछ किया जा सकता है। अगर आप चाहते हैं कि वे रक्त नलिकाएँ फिर से अपने उपयुक्त आकार में आ जाएँ। उनके भीतर होने वाले छोटे जख़्म समाप्त हों यानी वे गड्ढे ठीक हो जाएँ तो ऐसा करने के लिए शरीर के अंदर रसायनिक बदलाव लाने पड़ेंगे।

स्लाइड (14) को देखें, तब आप विस्तार से जान सकते हैं कि हमारा शरीर उस समय किस तरह के रसायनिक बदलाव चाहता है। उदाहरण के लिए शरीर में आईएसएस प्रोटीन की मात्रा बढ़ा दी जाए। नाईट्रिक ऑक्साइड की मात्रा बढ़ा दी जाए और वासोप्रेसिन व रेनिन जैसे हारमानों की संख्या कम कर दी जाए। ये ही रोग उत्पन्न करने वाले मेटाबॉलिक, इंफ्लामेट्री और हीमोडायनेमिक्स कारक हैं।

इन बदलावों को लाने के लिए हमें हॉट बाथ टब का प्रयोग करना है।

# एच डब्लयू आई (Hot Water Immersion)

15

| Hot Water Immersion<br>**HWI** | Chemical changes to cure Kidney function | Factor causing kidney failure |
|---|---|---|
| *Acute and chronic effects of hot water immersion on inflammation and metabolism in sedentary, overweight adults. J Appl. Physiol 125:2008-2018* | ↑ IL-6, IL-Ira, Hsp 72, iHSP72, leading to increase in sensitivity | Metabolic factor |
| | ↑ NO | Inflammatory factor |
| *• Immersion in thermoneutral water: effects on arterial compliance. A. Boussuges Published 2006 Medicine Aviation, space, and environmental medicine*<br>*• Use of Water immersion to Ameliorate the progression of Chronic Experimental Kidney Disease. Scan. J. Lab Anim. Sci. 2009 Vol. 36 No. 1*<br>*• Water Immersion model in nephrology: from hydrotherapy to weightlessness. G. Ital Nefrol 2018; 35 (Supplement 70) - ISSN 1724-5990* | ↓ Norepinephrine Vasopressin Renin | Hemodynamic factor |

रोगी को गर्म पानी से भरे बाथ टब में एक ख़ास स्थिति में बिठाना होगा। उसे बिठाने के पाँच मिनट के भीतर ही शरीर में ये रसायनिक बदलाव आने आरंभ हो जाएँगे। डायबिटीज और ब्लडप्रेशर के रोगियों को लाभ होगा। जो बचे हुए किडनी सैल हैं, वे पुनर्जीवित होने लगेंगे।

भले ही आपको पढ़ कर यकीन न आ रहा हो कि यह संभव है परंतु यह वास्तव में हो सकता है। हमारे पास ऐसे मामले भी आए हैं कि जिन रोगियों को दिन में तीन-तीन बार डायलसिस करवाना पड़ता था, उन्हें भी इस तकनीक से लाभ हुआ और उनके डायलसिस होने बंद हो गए।

हम यहीं आपको अपनी बात के प्रमाण में संदर्भ आलेख भी दे रहे हैं। ये मेडिकली प्रमाणित है और इसी तकनीक को हमने अपने रोगियों पर आज़मा कर सकारात्मक परिणाम पाने के बाद ही आपको बताने का निर्णय लिया है ताकि आप भी अपनी या किसी अन्य परिचित की किडनी की बीमारी को ठीक करने में मदद कर सकें। उसे जानलेवा डायलसिस से छुटकारा दिलवा सकें।

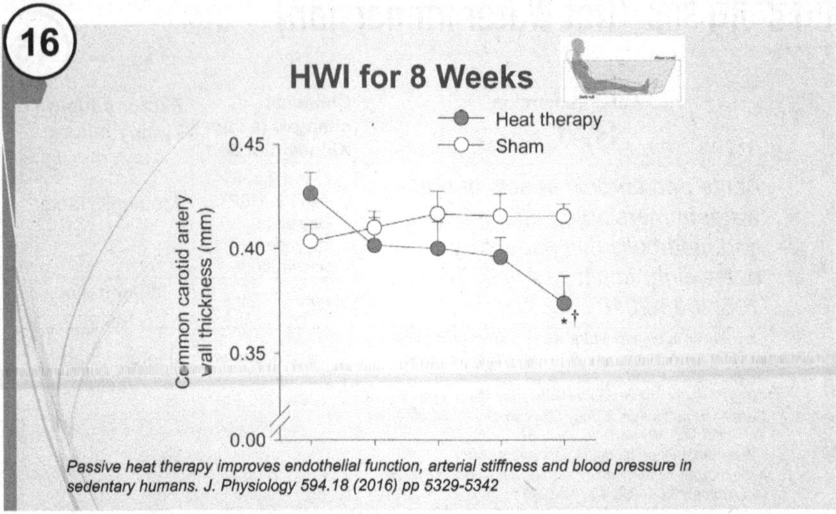


इस तकनीक के साथ बहुत छोटी-छोटी बातों को ध्यान में रखना है, जो कोई बहुत बड़ी समस्या नहीं है। बस आपको इतना जानना है कि रोगी को गर्म पानी में बिठाते हुए पानी का तापमान कितना हो, उसे प्रतिदिन कितनी देर तक बिठाना है, बिठाते हुए उसकी स्थिति क्या होनी चाहिए आदि। पुस्तक में आगे इन विषयों पर विस्तार से जानकारी दी गई है। ज्यों ही गर्म पानी से भरे टब में बिठाया जाता है तो शरीर में फिजियो और कैमिस्ट्री संबंधी बदलाव आने लगते हैं।

रोगी को लगभग आठ सप्ताह तक प्रतिदिन बाथ टब में बिठाना है जिसमें एक निश्चित तापमान का गर्म पानी भरा होगा।

ऐसा करने से रक्त नलिकाओं के वाल्व की मोटाई कम होगी। यह माना जा रहा है कि यह मोटाई औसतन .1 मि.मी. कम होती है। शरीर में केमिकल बदलाव आने लगते हैं और रोग की बढ़त वहीं रुक जाती है। उसके समाप्त होने की प्रक्रिया आरंभ हो जाती है।

स्लाइड (16) को ध्यान से देखें। यहाँ 2016 में जारी की गई एक रिपोर्ट दिखाई गई है जो हमें इस बात के पुष्ट वैज्ञानिक प्रमाण देती है कि हम उचित प्रकार से तकनीक का प्रयोग करते हुए रोगी को रोग से छुटकारा कैसे दिला सकते हैं।

किडनी या डायलसिस के रोगी को रोगमुक्त करने के लिए तीन चरणों का प्रयोग करना होगाः

जैसा कि हम बता चुके हैं कि उसका यह रोग इंफ्लामेट्री, मेटाबॉलिक या डायबिटीज के कारण हुआ है।

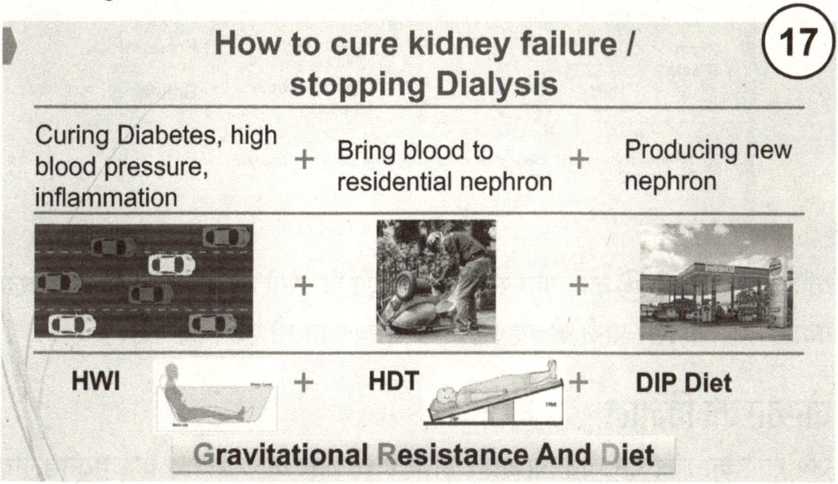


हमें उसे गर्म पानी से भरे बाथ टब में बिठाना है जिससे उसे तुरंत लाभ मिलने लगेगा। इसके बाद हमें उसकी किडनी में बचे हुए नेफरान्स या किडनी सैल्स तक रक्त का प्रवाह पहुँचाना है। वे नेफरॉन किडनी में हैं जहाँ तक रक्त का प्रवाह नहीं जा पा रहा। यहाँ हम अपने स्कूटर वाले उदाहरण को याद करेंगे, जब पेट्रोल समाप्त होने की स्थिति में स्कूटर को थोड़ा-सा टेढ़ा करके, गुरुत्वाकर्षण प्रतिरोध को अपने पक्ष में प्रयुक्त किया करते थे।

इस स्थिति में भी रोगी को गर्म पानी से भरे बाथ टब में बिठाने की चिकित्सा देने के साथ-साथ, हैड डाउन टिल्ट स्थिति में लाना होगा। इसे आप स्लाइड ⑰ के माध्यम से बेहतर समझ सकेंगे। रोगी को सिर नीचे करते हुए, एक ख़ास तरह की पोजीशन में बिठाते ही रक्त किडनी के पास तत्काल पहुँचने लगता है। स्लाइड ⑱ में दिखाई गई स्थिति में रोगी को इस तरह बिठाने से किडनी की ओर रक्त प्रवाह मिल रहा है। ज्यों ही यह रक्त का प्रवाह किडनी में मौजूद नेफरान्स को मिलेगा तो उन्हें लाभ होगा। इसके साथ ही हमें रोगी की डीआइपी डाइट भी जारी रखनी होगी।

18

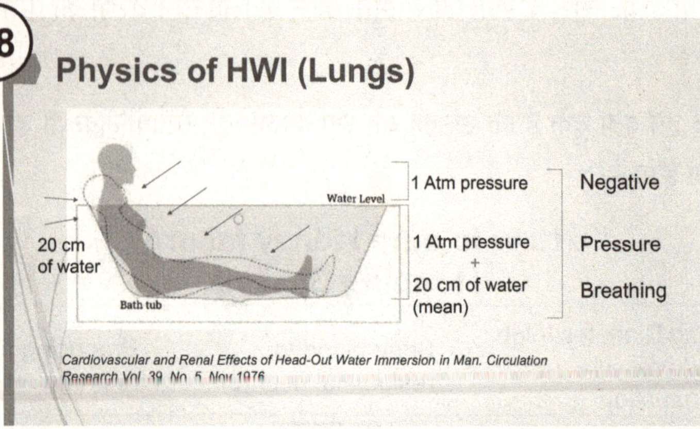


यदि आप स्लाइड ⑱ को ध्यान से देखें तो पाएँगे कि रोगी को गर्दन तक पानी में रखा गया है। उसका सिर पानी के बाहर है। इस पोस्चर का भी एक विज्ञान है।

## पोस्चर का विज्ञान

जब रोगी का सिर गर्म पानी से बाहर होता है तो सिर के आसपास का वायुमंडलीय दबाव है और शरीर का जो हिस्सा पानी के अंदर है, उसमें वायुमंडलीय दबाव में पानी का दबाव भी शामिल हो गया है जो लगभग 20 से.मी. है। इसे निगेटिव प्रेशर ब्रीदिंग कहा जाता है। अंदर और बाहर के दबाव में 2 प्रतिशत का अंतर है।

19

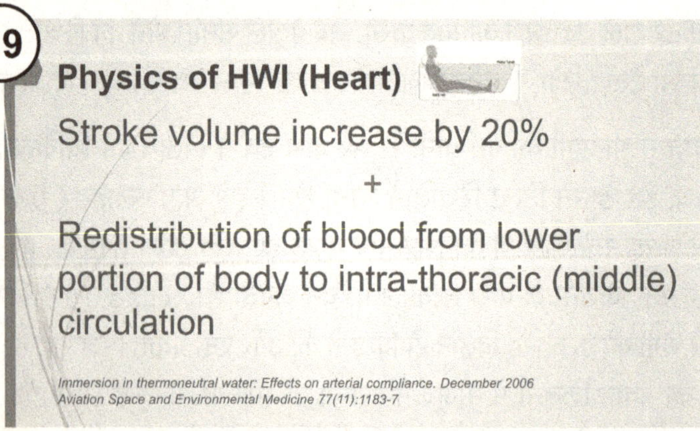

इस दो प्रतिशत के अंतर के कारण ही दिल का स्ट्रोक वॉल्यूम बढ़ जाता है यानी वह एक धड़कन में कितना खून फेंकता है। इस प्रक्रिया में उसकी रक्त को पंपिंग करने की क्षमता 20 प्रतिशत तक अधिक हो जाती है। केवल 2 प्रतिशत दबाव के अंतर से हार्ट की कार्यक्षमता 20 प्रतिशत तक बढ़ रही है। इस पोस्चर के कारण एक और लाभ यह होता है कि शरीर के निचले हिस्से से, हार्ट के इंट्राथोरेसिक क्षेत्र (मध्य भाग) में रक्त का पुनः वितरण होने लगता है। इसी क्षेत्र में हमारा हृदय, फेफड़े और गुर्दे आते हैं।

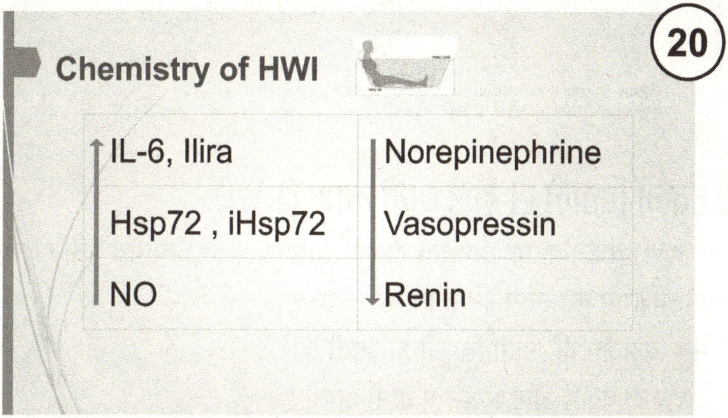


ज्यों ही हमारा शरीर इस प्रक्रिया में आता है तो केमिकल बदलाव होने लगते हैं जो कुछ प्रोटीन की मात्रा बढ़ा देते हैं जो शरीर के लिए लाभदायक हैं और इसके साथ ही ऐसे हारमोन घटने लगते हैं जो रोग का कारण बन रहे हैं जैसे वासोप्रेसिन (vaso pressin) आदि। जब शरीर में वासोप्रेसिन की मात्रा घटेगी तो रक्त नलिका का आकार बढ़ेगा और ब्लड प्रेशर घटेगा और इसके विपरीत जब वासोप्रेसिन की मात्रा बढ़ेगी तो रक्त नलिका संकुचित होगी और ब्लड का प्रेशर भी बढ़ेगा।

इसे ही डायलसिस कहा जाता है। जब हम शरीर में जमा अनावश्यक पदार्थों को एक साथ रक्त प्रवाह से बाहर निकलते हैं।

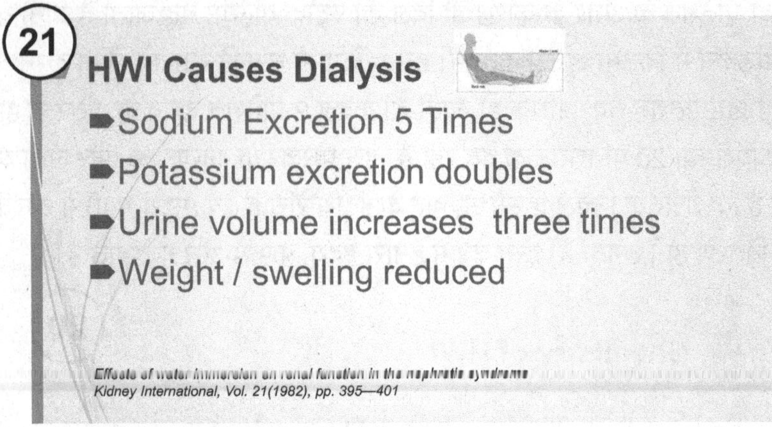


## बाथ टब में बिठाने से होने वाले लाभ (HWI)

- (HWI) तकनीक को अपनाने से सोडियम का उत्सर्जन पाँच गुना हो जाता है।
- पोटाशियम का उत्सर्जन दुगना हो जाता है।
- मूत्र विसर्जन की मात्रा तिगुनी हो जाती है।
- शरीर के वज़न और सूजन में कमी आती है।
- यूरिया और यूरिक एसिड शरीर से निकल जाता है।

कहने का अर्थ यह है कि जब हम किसी अस्पताल में जा कर डायलसिस मशीन पर किडनी रोगी का डायलसिस करवाते हैं तो उसे भी यही लाभ मिलते हैं। रक्त के प्रवाह से अशुद्धियाँ बाहर निकल जाती हैं।

## अस्पताल में किए जाने वाला डायलसिस

डायलसिस करवाने में लगभग चार घंटे का समय लगता है। बशर्ते शरीर में उस समय किसी और प्रकार की जटिलता न आए। इसके अलावा आने-जाने का समय और डायलसिस की औपचारिकता पूरी करवाने में लगने वाले समय को भी जोड़ें यह पूरे दिन की व्यस्तता का कारण बनता है। हीमोडायलसिस का रोगी अवसादग्रस्त हो कर दुखी रहता है और उसके डॉक्टर को खुशी होती है कि उसके पास डायलसिस

का एक ऐसा रोगी आ गया जो स्थायी रूप से डायलसिस करवाने आता रहेगा। परंतु डायलसिस का रोगी मशीन से डायलसिस करवाने के बाद शरीर में जो बदलाव पाता है। वे रोगी को घर में ही बाथ टब में बिठा कर भी प्राप्त किए जा सकते हैं।

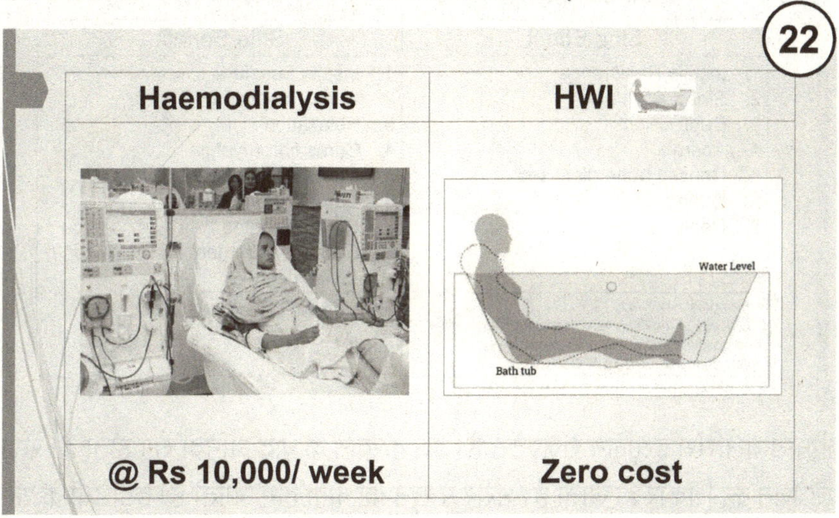


ये बदलाव हीमोडायलसिस के समान हैं या आप कह सकते हैं कि उससे भी अधिक हैं।

यहाँ स्कूटर लाद कर पेट्रोल पंप ले जाने वाले ट्रक का उदाहरण याद करें, ये मशीन उसी ट्रक की तरह शरीर को अस्थायी आराम दे रही है परंतु यह एक व्यापार है, इसे आप ज़िंदगी नहीं कह सकते। यह ज़िंदगी देने की उम्मीद तो जगाती है परंतु वास्तव में रोगी आने वाले समय में और अधिक बीमार होते हुए, ज़िंदगी से कोसों दूर होता चला जाता है। जो आप आगे आने वाले दुष्प्रभावों को जान कर समझ सकेंगे।

एक और तथ्य है कि इस डायलसिस का खर्च अन्य खर्चों को मिला कर लगभग दस हज़ार रुपए प्रति सप्ताह पड़ता है जबकि घर में बाथ टब में गर्म पानी में बिठाने वाली चिकित्सा पद्धति में एक रुपए का भी खर्च नहीं आता।

स्लाइड (23) को देखें, आप हीमोडायलसिस से होने वाले दुष्प्रभावों और बाथ टब के गर्म पानी में रहने से होने वाले साइड बेनिफिट्स को जान सकेंगे।

# दोनों प्रकार की चिकित्सा के लाभ / दुष्प्रभाव

23

| Haemodialysis | HWI  |
|---|---|
| Side Effect | Side Benefit |
| 1. Insulin Resistance<br>2. Sleep problem<br>3. Depression<br>4. Anemia<br>5. Causes bone diseases<br>6. Itching<br>7. Death | 1. Insulin Sensitive<br>2. Curing insomnia<br>3. Relaxation<br>4. Cures fibromyalgia<br>5. Cures heart disease<br>6. Cures hypertension<br>7 Cures diabetes<br>8. Effective treatment for Parkinson / Alzhiemer |
| • *Hemodialysis. Mayo Clinic*<br>• *Glucose in the Dialysate: Historical perspective and possible implications. Hemodialysis International 2000,12:221-226* | References ahead in this book |

हीमोडायलसिस इंसुलिन रेजिस्टेंस है। इसे करवाने के बाद अनिद्रा रोग होता है। रोगी डिप्रेशन का शिकार हो जाता है। शरीर में खून की कमी होने लगती है। हड्डियों के रोग हो जाते हैं। शरीर में खुजली होने लगती है और कई बार जटिल अवस्था होने पर रोगी की मृत्यु तक हो सकती है।

इसके विपरीत, बाथ टब तकनीक इंसुलिन सेंसटिव है। इसे करने से अनिद्रा रोग में आराम आता है। रोगी का मन और शरीर विश्रांत रहता है। फाइबरोमाइलजिया का उपचार होता है। हृदय रोगों से आराम पाता है। हाइपरटेंशन की चिकित्सा होती है। डायबिटीज का उपचार होता है। पार्किन्सन और अल्जाइमर जैसे असाध्य माने जाने वाले रोगियों को भी लाभ होता है।

## डायलसिस लिक्विड

**Dialysis liquid is a slow poison** (24)

| | |
|---|---|
| Endotoxin | < 0.25 EU/mL |
| Sodium | 70 (3.0 mEq/l) |
| Potassium | 8 (0.2 mEq/l) |
| Calcium | 2 (0.1 mEq/l) |
| Magnesium | 4 ( 0.3 mEq/l)) |
| Arsenic | 0.005 mEq/l |
| Barium | 0.01 mEq/l |
| Cadmium | 0.001 mEq/l |
| Chromium | 0.014 mEq/l |
| Lead | 0.005 mEq/l |
| Silver | 0.005 mEq/l |
| Selenium | 0.09 mEq/l |
| Mercury | 0.0002 mEq/l |
| Aluminium | 0.01 mEq/l |
| Ammonium | - |
| Choloromines | 0.10 mEq/l |
| Free Chlorine | 0.5 mEq/l |
| Copper | 0.1 mEq/l |
| Fluoride | 0.2 mEq/l |
| Nitrate | 2.00 mEq/l |
| Sulfate | 100 mEq/l |
| Zinc | 0.1 mEq/l |
| Heavy Metals | - |

डायलसिस करने के लिए डायलसिस लिक्विड का प्रयोग किया जाता है जो शरीर के रक्त में जमा हो चुके रसायनों व व्यर्थ पदार्थों को साफ करने में मदद करता है। दिखाए गए स्लाइड (24) से आप समझ सकते हैं कि इस तरल में मौजूद अनेक रसायन ऐसे हैं जो शरीर को जाने-अनजाने बहुत नुकसान पहुँचा सकते हैं। यही वजह है कि डायलसिस लिक्विड को धीमे जहर का नाम दिया जाता है।

## डिफ्यूजन का नियम

आइए, अब हम डिफ्यूजन के नियम की बात करते हैं। अस्पतालों में किए जाने वाले डायलसिस में इसी नियम के आधार पर रक्त को शुद्ध किया जाता है। मान लेते हैं कि

हमने एक गिलास में गुनगुना पानी लिया और उसमें टी-बैग को डुबो दिया। अब टी-बैग के तत्त्व पानी में मिल रहे हैं परंतु इसके साथ ही ऐसा भी होगा कि पानी में मौजूद तत्त्व भी उस पैकेट में जाएँगे। डिफ्यूजन का नियम यही कहता है।

डायलसिस के दौरान एक ओर डायलसिस तरल पदार्थ रहता है, बीच में एक कृत्रिम सतह होती है और दूसरी ओर रोगी के शरीर का रक्त रहता है और यही माना जाता है कि डायलसिस करते हुए रक्त की अशुद्धियाँ उस लिक्विड की ओर चली जाएँगी। रक्त में जमा व्यर्थ पदार्थ निकल जाएँगे। दूसरी ओर डिफ्यूजन के नियम के अनुसार उस तरल पदार्थ में जमा रसायन भी जाने-अनजाने रक्त प्रवाह में घुलते हैं, नतीजन रोगी हर डायलसिस के बाद और रोगी होता चला जाता है और उसके डायलसिस की संख्या प्रति सप्ताह बढ़ने लगती है क्योंकि शरीर में रोग के कारण बढ़ रहे हैं। रक्त प्रवाह से विषाक्त पदार्थों (Toxins) को निकालने के लिए डायलसिस की प्रक्रिया की जा रही थी परंतु इसी प्रक्रिया को करने के दौरान डायलसिस लिक्विड में मौजूद जहरीले और खतरनाक रसायनों की मात्रा रक्त के माध्यम से शरीर में जा रही है।

यहाँ हम डायलसिस मशीन या उपकरण को दोषी नहीं ठहरा रहे। यह उसकी कोई कमी नहीं है और न ही डायलसिस करने वाले डॉक्टर ने जान-बूझ कर रोगी के साथ अन्याय किया है। ऐसा डिफ्यूजन के नियम के कारण हो रहा है। दरअसल यह डिजाइन ही इस तरह हुआ है कि डायलसिस तरल पदार्थ के तत्त्व न चाहने पर भी शरीर के रक्त प्रवाह में चले जाते हैं और रोगी के लिए घातक साबित होते हैं।

जब भी किसी किडनी रोगी के लिए यह नौबत आ जाए कि उसे डायलसिस करवाने को कहा जाए तो उसे डॉक्टर को डायलसिस के लिए हामी भरने के बजाए अपने लिए एक बाथ टब ले लेना चाहिए ताकि वह बेझिझक इस तकनीक का प्रयोग कर सके। बस उसे इन बातों को ध्यान में रखना है कि गर्म पानी से भरे टब का तापमान कितना होगा, उसे किस पोजीशन में बैठना है, उसे ऐसा कब तक और प्रतिदिन कितने समय तक करना है और दिन का कौन-सा समय यह करने के लिए उपयुक्त होगा।

## एक्यूट किडनी अटैक

जिस तरह किडनी में शरीर के व्यर्थ पदार्थ जमा होने से उसकी कोशिकाओं की असमय मृत्यु होने लगती है। ठीक उसी तरह हार्ट में व्यर्थ पदार्थों के जमा होने से उसकी कोशिकाएँ मरने लगती हैं। जब किडनी में ऐसी खराबी आती है तो इसे एक्यूट किडनी अटैक का नाम दिया जाता है और जब हार्ट को ऐसी समस्या का सामना करना पड़ता है तो इसे हार्ट अटैक कहा जाता है।

अब हम बात करेंगे कि अगर आपको लगे कि किसी व्यक्ति में हार्ट अटैक आने के लक्षण दिख रहे हैं तो उसका उपचार कैसे कर सकते हैं। किसी व्यक्ति को हार्ट अटैक आने के बाद ही वे लोग जांच में बताते हैं कि रोगी की मृत्यु हार्ट अटैक से हुई इसलिए हम पहले निश्चित रूप से यह नहीं कह सकते कि किसी को दिल का दौरा पड़ रहा है। केवल लक्षणों से ही अनुमान लगाया जा सकता है जैसे एंग्जायटी होना, दर्द का पूरे शरीर में फैलना और बहुत ज्यादा पसीना आना आदि।

## ऑनगोइंग हार्ट अटैक पेशेंट का आपातकालीन उपचार कैसे करें?

अगर आपको ऐसा संदेह है कि किसी को हार्ट अटैक हो रहा है तो आप अपनी ओर से उसके शरीर में कुछ ऐसे बदलाव लाने की कोशिश कर सकते हैं जो उसके दिल के दौरे को रोक सकते हैं।

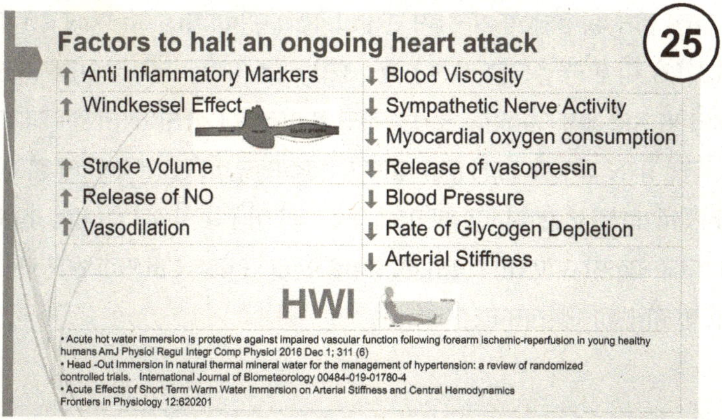

दिए गए स्लाइड ㉕ की सहायता से आप इन बदलावों को समझ सकते हैं:

शरीर में एंटी इंफ्लामेट्री मार्कर बढ़ जाएँ। विंडकैसल प्रभाव बढ़ जाए। विंडकैसल प्रभाव को समझने के लिए आपको बता दें कि हृदय की रक्त नलिकाओं में ऐसी लोच होती है कि वे अपने भीतर अतिरिक्त रक्त जमा रखती है ताकि समय पड़ने पर उसे प्रवाहित किया जा सके परंतु रक्त नलिकाओं के संकुचित होने के कारण ऐसा नहीं हो पाता। विंडकैसल प्रभाव बढ़ने से यह लाभ पाया जा सकता है।

स्ट्रोक का वाल्यूम बढ़ जाए। नाईट्रिक ऑक्साइड का स्राव अधिक होने लगे। वासोडाइलेशन (vasodilation) यानी रक्त का प्रवाह बढ़ जाए। जब हार्ट की कोशिकाओं को उनका भोजन, रक्त में ऑक्सीजन के माध्यम से मिलेगा तो उनके मरने की संभावना कम होती जाएगी।

रक्त की विस्कोसिटी या चिपचिपापन या गाढ़ापन कम होना। रक्त का गाढ़ापन जितना कम होगा, रक्त का प्रवाह उतना अधिक होगा। सिंपथेटिक नर्व एक्टिविटी का कम होना यानी रोगी के तनाव का घटना। तनाव जितना कम होगा, रोगी की रक्त नलिकाओं का संकुचन उतना कम होगा और उसे स्वस्थ होने में मदद मिलेगी।

मायोकार्डियल ऑक्सीजन की खपत घटना यानी हृदय की कोशिकाओं द्वारा ऑक्सीजन की कम आपूर्ति में भी काम चलाने की क्षमता। जिस तरह हमारे फ़ोन में बैटरी खत्म होने को होती है और हम उसका बैटरी सेविंग मोड ऑन कर देते हैं जिससे कम बैटरी में भी फ़ोन देर तक चलता है। उसी तरह मायोकार्डियल ऑक्सीजन खपत कम होने से हार्ट कम ऑक्सीजन में गुजारा चलाता है। वासोप्रेसिन का स्राव कम हो जाए। ब्लड प्रेशर कम हो जाए। हृदय द्वारा ग्लाइकोजन की खपत दर कम हो जाए यानी हार्ट की कोशिकाएँ ग्लाइकोजन को ग्रहण करने की गति धीमी कर दें। हार्ट की धमनियों की जकड़न में कमी आए ताकि रक्त का प्रवाह पहले से बेहतर हो सके और रोगी के हार्ट को अटैक होने का जोखिम टल जाए।

## व्यावहारिक उपाय

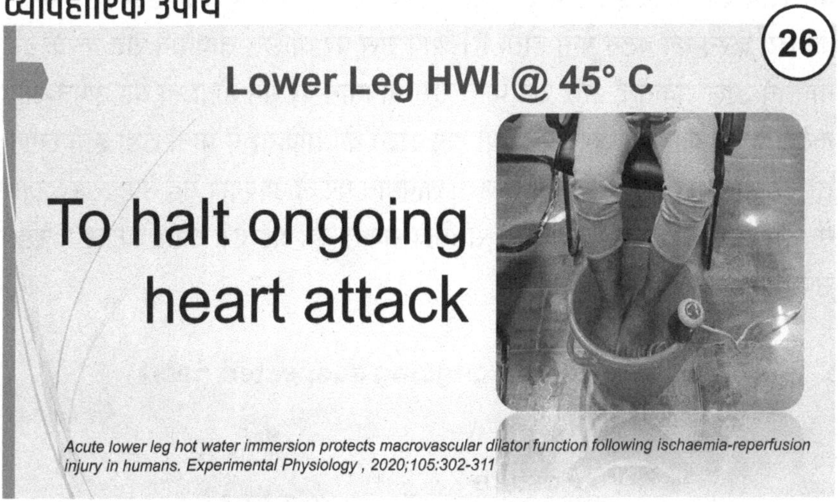


इस प्रक्रिया में बाथ टब के गर्म पानी में रोगी को बिठाने से हार्ट अटैक को पाँच मिनट में रोका जा सकता है क्योंकि ऐसा करने से कोशिकाओं में बदलाव आने लगता है। अब प्रश्न यह पैदा होता है कि अगर हम यह देखें कि किसी व्यक्ति को हार्ट अटैक होने की संभावना हो रही है तो एकदम बाथ टब में गर्म पानी कैसे तैयार किया जा सकता है। यह व्यावहारिक रूप से संभव नहीं होगा। टब में कम से कम 500 लि. पानी भी चाहिए तो उसे गर्म करने में समय लगेगा।

डायलसिस करवाने वाले रोगियों के लिए बाथ टब का पानी 40 डिग्री तक गर्म होना चाहिए और अगर हम किसी संभावित हार्ट अटैक रोगी को आपातकाल चिकित्सा देने जा रहे हैं तो ऐसे में पानी को 45 डिग्री तापमान पर गर्म करना होगा ताकि उससे वांछित लाभ मिल सकें।

अगर हम उस समय बाथ टब के गर्म पानी के लिए भाग दौड़ करेंगे तो हो सकता है कि उस व्यक्ति के हार्ट के सैल मर जाएँ और उसकी मृत्यु हो जाए। ऐसे में एक उपाय यह करें कि एक बाल्टी में गर्म पानी लें और उस व्यक्ति की टाँगों का निचला हिस्सा गरम पानी में डुबो दें।

बाज़ार में एक वाटर इमरशन उपकरण मिलता है, यह शॉकप्रूफ है, इस पर तापमान को तय करने का बटन बना होता है। आप उस पर वांछित तापमान सैट करके इसे पानी में डाल सकते हैं और जब पानी उस तापमान पर गर्म होगा तो यह अपने-आप कटऑफ हो जाएगा। अगर पैर डुबो कर रखने की प्रक्रिया में पानी ठंडा होने लगेगा तो यह फिर से चालू हो कर, उसे उसी तापमान पर ले आएगा। यह उपकरण बाज़ार में पाँच-सात सौ रुपए में आसानी से मिल सकता है। यह ऐसे आपातकाल में बहुत उपयोगी हो सकता है।

**27**

**Steps to halt ongoing suspected heart attack**

| | | |
|---|---|---|
| Step 1 | Posture (Start within 5 sec) |  |
| Step 2 | Chewing Ginger / Garlic / Red Chilli (Start within 50 sec) | 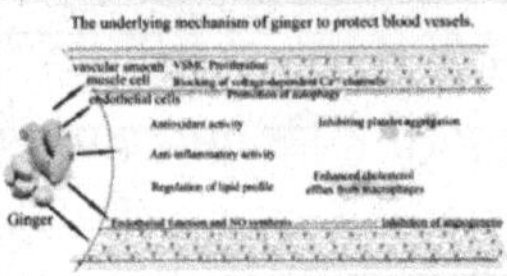  |
| Step 3 | LLHW @45° C (Start within 5 min) |  |
| Step 4 | HWI for 1 hr (Start within 15 min) | 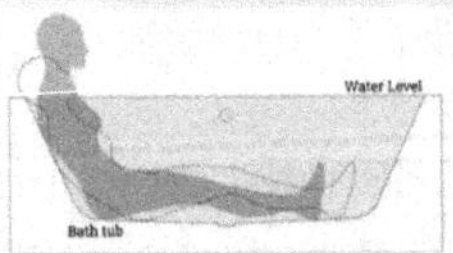  |
| Step 5 | Coconut water fasting for one day | |

•Vasculoprotective effects of ginger (Zingiber officinale Roscoe) and underlying molecular mechanisms - Food & Function (RSC Publishing)
•"Ginger (Zingiber officinale Roscoe) in the Prevention of Ageing and Degenerative Diseases: Review of Current Evidence", Evidence-Based Complementary and Alternative Medicine, vol. 2019, Article ID 5054395, 13 pages, 2019. https://doi.org/10.1155/2019/5054395

## हार्ट अटैक रोकने के पाँच चरण

स्लाइड ㉗ को ध्यान से देखें:

हम आपको पाँच चरणों में बताने जा रहे हैं कि अगर किसी को हार्ट अटैक आ रहा हो तो उसके लक्षणों को देखते हुए आपको तत्काल क्या करना होगा कि हार्ट अटैक को रोका जा सके:

1. उस व्यक्ति को दिए गए स्लाइड ㉗ के अनुसार पोस्चर में बिठाएँ। यह मुद्रा गुरुत्वाकर्षण के अनुसार, हृदय को सहारा देने के लिए सबसे बेहतर मानी जाती है। जब तक आप पानी गर्म करने का उपाय करेंगे, तब तक व्यक्ति को इस पोस्चर में बिठा दें।

2. आपके पास अदरक/लहसुन और लाल मिर्च घर में अवश्य होगी। इनमें से कोई भी चीज़ ले कर रोगी के मुख में डाल दें और उसे चबाने को कहें। हमारे परिचित विद्वान डॉ. अवधेश पांडे का कहना है कि यदि रोगी उस समय इन तीनों में से एक भी चीज़ को इतना चबा लेता है कि उसकी आँखों से आंसू आ जाएँ तो जान लें कि उसके शरीर में पर्याप्त नाइट्रिक ऑक्साइड आ गया है। यह चबाने की प्रक्रिया हार्ट अटैक का पता लगने के पहले पचास सैकेंड के भीतर आरंभ कर देनी चाहिए।

3. पहले पाँच मिनट के भीतर रोगी के पैर बाल्टी के गर्म पानी में डुबोने हैं। यदि उस समय पानी का तापमान अड़तीस या चालीस डिग्री सेल्सियस तक ही क्यों न आया हो, आप उसके पैर डुबों दें ताकि आराम आने की प्रक्रिया आरंभ हो सके। बाकी पानी कुछ ही मिनटों में अपने-आप उचित तामपान पर आ जाएगा।

4. इसके बाद जब तक रोगी के पैर बाल्टी के गर्म पानी में डूबे हुए हैं। आप बाथटब में उचित तापमान पर गर्म पानी तैयार कर लें और उसे उसमें बिठा दें। उसे कम से कम एक घंटे तक उसमें ही बिठाए रखें। इस तरह ऑनगोइंग हार्ट अटैक को रोकने में मदद मिलेगी क्योंकि हृदय की मरणासन्न कोशिकाओं को अपने लिए पर्याप्त ऑक्सीजन मिल गई है और अब रोगी की जान बच सकती है।

5. पाँचवें चरण में आपको यह ध्यान देना है कि उसे बाथ टब से निकालने के बाद उस दिन ऐसा कुछ खाने को न दें जिससे उसके शरीर में व्यर्थ जमा हो या शरीर को पाचन के लिए मेहनत करनी पड़े क्योंकि शरीर अभी इतना आघात सह कर हटा है और अभी दुर्बल है। ऐसी अवस्था में उसके लिए नारियल पानी का आहार अति उत्तम है। नारियल पानी को आप ईश्वर की ओर से बनाया गया या कुदरत का उपहार, सबसे बेहतरीन मिनरल वाटर कह सकते हैं। यदि आपने रोगी को कुछ और खिलाया तो हो सकता है कि शरीर में होने वाली गतिविधि के कारण उसे दोबारा हार्ट अटैक आ जाए इसलिए नारियल पानी के साथ उपवास ही बेहतर उपाय होगा।

स्लाइड ㉘ की सहायता से आप देख सकते हैं कि जब अटैक आता है तो हृदय की कोशिकाओं में अचानक क्या बदलाव आता है।

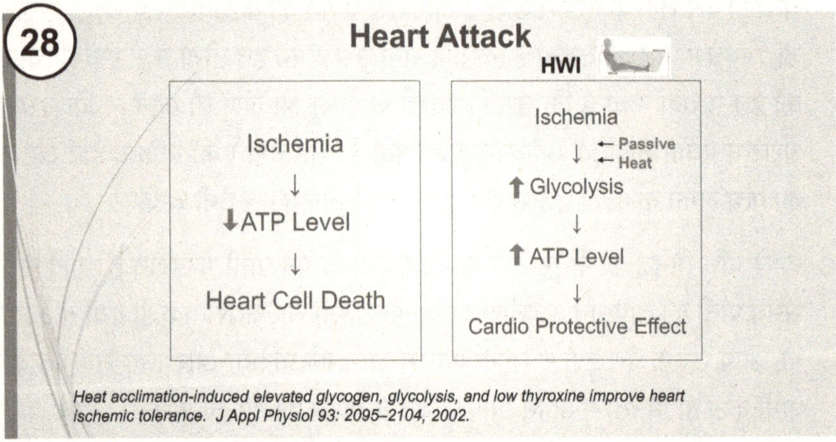


## हृदय की कोशिकाओं में आने वाले बदलाव

एस्कीमिया (Ischemia): एस्कीमिया होने का अर्थ है कि हृदय की कोशिकाओं को ऑक्सीजन नहीं मिल पा रहा।

एटीपी का स्तर – एटीपी का स्तर घटने लगता है। एटीपी क्या है? इसे जानने के लिए हम एक अवैज्ञानिक और सरल उदाहरण की मदद लेंगे। मान सकते हैं कि हमारे पास

बैंक में पैसे तो हैं। परंतु वे हमें मिल नहीं पा रहे यानी हम पैसे होने पर भी उनका उपयोग नहीं कर पा रहे। इसी तरह हमारे हृदय या शरीर में ऊर्जा का भंडार तो है परंतु एटीपी का स्तर इतना कम है कि वह हम तक पहुँच नहीं रहा कि हम उसे अपने हृदय की मरती हुई कोशिकाओं को प्रयोग में लाने के लिए इस्तेमाल कर सकें। इस तरह हार्ट के सैल मरने शुरू हो जाते हैं।

जब भी एस्कीमिया हो, दर्द बढ़ने लगे तो ऐसे में पैसिव हीटिंग का उपाय कारगर होगा जो रोगी को पहले बाल्टी और फिर बाथ टब के गर्म पानी में बिठा कर दिया जाता है।

इसके बाद ग्लाइकोलाइसिस (Glycolysis) की प्रक्रिया आरंभ हो जाती है। एटीपी के स्तर में बढ़ोतरी होती है और अंत में कार्डियो प्रोटेक्टिव प्रभाव सामने आ जाता है यानी हृदय की उन कोशिकाओं में खोई हुई जान लौटने लगती है जिनके मृतप्रायः होने के कारण अटैक आ रहा था।

इस तरह ऑनगोइंग हार्ट अटैक बंद हो जाता है।

इस प्रकार हमने देखा कि चाहे कोई डायलसिस करवाने वाला किडनी का क्रॉनिक रोगी है या कोई ऐसा व्यक्ति है जो हार्ट अटैक आने की प्रक्रिया के बीच है और आपातकाल की चिकित्सा चाहता है, दोनों ही हालात में गर्म पानी में बिठाने की तकनीक और उपाय एक अच्छा उत्तर हो सकता है।

चाहे कोई स्थिति आपातकालीन हो या फिर लंबे समय से चला आ रहा रोग हो, दोनों ही स्थितियों में हॉट वाटर इमरशन की तकनीक कारगर होती है।

# हॉट वाटर इमरशन से होने वाले लाभ

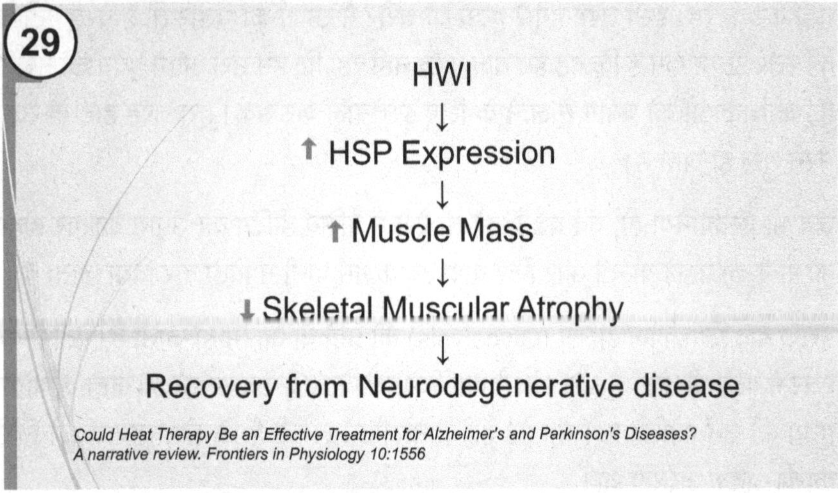


ज्यों ही शरीर को गर्म पानी मिलता है तो इसके हीट शॉक प्रोटीन बनने लगते हैं जिसे हम एचएसपी का नाम देते हैं। हमारे शरीर की सभी कोशिकाएँ इसे बनाती हैं। इसके कारण हमारी मांसपेशियों की ताकत बढ़ती है। मांसपेशियाँ बनाने वाली कोशिकाओं की संख्या बढ़ती है। मेटाबॉलिक बदलाव आता है यानी इंसुलिन के प्रति संवेदनशीलता को बढ़ावा मिलता है। रक्त के प्रवाह में सुधार होता है।

ये सभी बदलाव आपातकालीन और दीर्घकालीन रूप से रोगियों को लाभ देते हैं।

जब हम रोगी को गर्म पानी से भरे टब में लिटाते हैं तो उसका एचएसपी बढ़ता है, मासंपेशियों की ताकत बढ़ती है। स्पाइनल मस्कयुलर एट्रॉफी में भी फायदा मिलता है। यह वही रोग है जिसके लिए आजकल विज्ञापन में सुनने में आ रहा है कि बच्चों को सोलह करोड़ रुपए का इंजेक्शन लगाया जाएगा जो इस रोग से ग्रस्त हैं। इस रोग से ग्रस्त होने का अर्थ है कि उनके मसल्स मर रहे हैं और नए मसल नहीं बन पा रहे। हॉट वाटर इमरशन चिकित्सा के माध्यम से न्यूरोडिजेनेरेटिव रोगों में आराम आता है जैसे अल्ज़ाइमर, पार्किन्सन, मेमोरी डिसऑर्डर संबंधी रोग व पार्किन्सन आदि।

(30)

**Neurodegenerative Disease**

- Alzheimer's disease
- Other Memory disorders
- Parkinson's Disease
- Spinal Muscular Atrophy
- Motor Neuron Disease

इसी तरह फाइबरोमाइलजिया होने पर तीन महीने तक बाथ टब वाली तकनीक अपनाने से थकान, तनाव और दर्द से छुटकारा मिलता है।

(31)

**HWI for 3 months (Fibromyalgia)**

Improvement in pain, fatigue, anxiety and significant reduction in TPC.

## टेंडर प्वाईंट काउंट

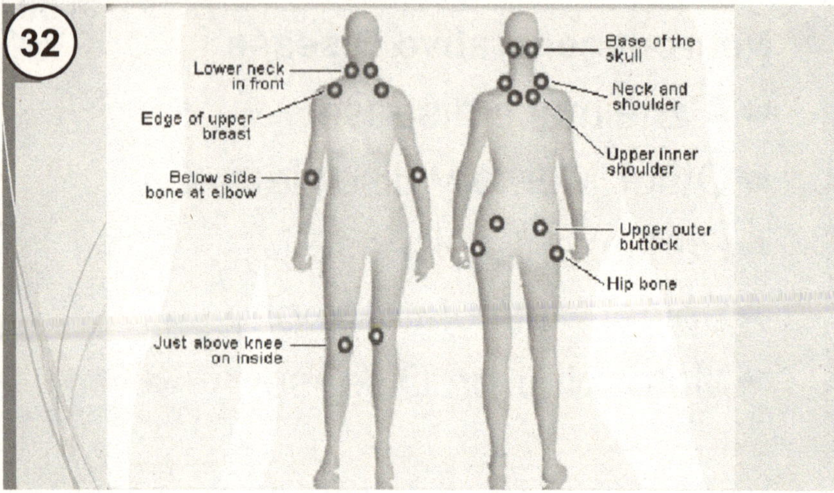


स्लाइड (32) के अनुसार हमारे शरीर में टेंडर प्वाईंट काउंट होते हैं। इन टीपीसी की संख्या अठारह होती है जिन्हें छूने पर दर्द और सूजन का पता चलता है।

जब आप पूरे तीन माह तक गर्म पानी में बिठाने वाली तकनीक अपनाते हैं तो धीरे-धीरे इन प्वाईंट्स की संख्या घटने लगती है और दर्द में आराम आ जाता है।

## प्राकृतिक पेन मैनेजमेंट

किसी भी तरह के रोग में पैन मैनेजमेंट के लिए कोई दवा नहीं होती। इसके लिए हमें स्वयं ही ईश्वर की ओर से चिकित्सा प्रदान की गई है। हम गुरुत्वाकर्षण प्रतिरोध को अपने अनुसार प्रयुक्त करते हुए लाभ पा सकते हैं जैसे गर्म पानी से भरे बाथ टब में बिठाना या फिर सिर नीचे की ओर करके लिटाना और इसके साथ उचित सम्यक आहार देना। यदि ये सारे तथ्य एक साथ मिल जाएँ तो रोगी के जीवन में जादुई प्रभाव आ जाता है। जो रोग दवाईयों और कई वर्षों की चिकित्सा से भी ठीक नहीं हो रहे थे, वे ठीक होने लगते हैं।

इसी संदर्भ में हम आपको कैंसर रोगियों का उदाहरण देना चाहेंगे।

# कैंसर रोगियों को होने वाले लाभ

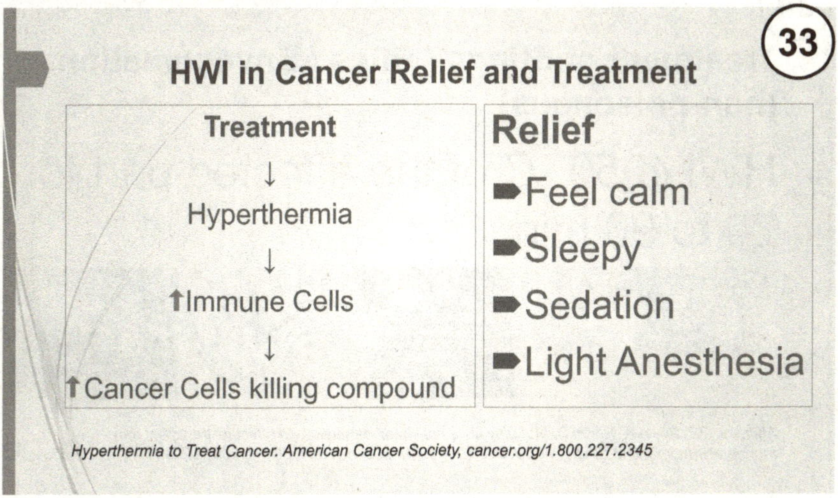


कैंसर के रोगियों को गर्म पानी से भरे बाथ टब में बिठाने से दीर्घकालीन लाभों के अलावा तत्काल लाभ भी दिए जा सकते हैं।

अगर हम दीर्घकालीन लाभ की बात करें तो हॉट वाटर इमरशन से हाइपरथर्मिया होता है यानी उनके शरीर में कैंसर से लड़ने के लिए रोग प्रतिरोधक कोशिकाओं की संख्या बढ़ती है। जिससे उनके रोग को दूर होने और उन्हें स्वस्थ होने में मदद मिलती है।

यदि हम तत्काल आने वाले लाभों की बात करें तो उन्हें शांत होने में मदद मिलती है। अच्छी तरह नींद आने लगती है। उन्हें गर्म पानी के कारण एनस्थीसिया का हल्का प्रभाव मिलता है यानी शरीर में दर्द की संवेदना थोड़ी घट जाती है और सबसे बड़ी बात तो यह है कि इनका कोई दुष्प्रभाव नहीं होता।

इसी तरह हम किसी कीट-पतंगे, मधुमक्खी, खरगोश, मछली, सरीसृप या मकड़े आदि जीव के डंक मारने का उदाहरण भी ले सकते हैं। उस अवस्था में भी रोगी को तत्काल आराम दिया जा सकता है।

34

## Treatment of Stings / Bites / Envenomation (non-poisonous)

HWI @50° C of the effected part for 30 to 90 min

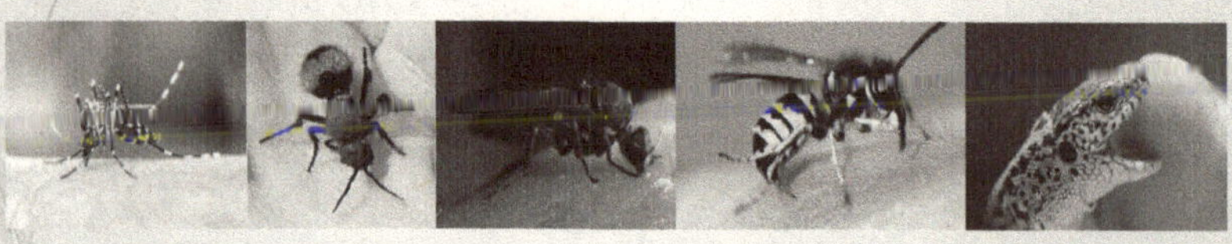

*Atkinson PR, Boyle A, Hartin D, McAuley D. Is hot water immersion an effective treatment for marine envenomation? Emerg Med J. 2006;23(7):503-508. doi:10.1136/emj.2005.028456*

जैसे मान लिया कि आपकी अंगुली में किसी कीट ने काट लिया है और अंगुली में उसका डंक है। आप एक गिलास में पानी गर्म कर उसमें अपने हाथ को तीस से नब्बे मिनट तक डुबो कर रखें और आपको धीरे-धीरे आराम आने लगेगा। डंक का असर कम होता जायेगा। इसे करने के लिए आपके पास वाटर थर्मामीटर होना चाहिए क्योंकि जब आप अपनी अंगुली को पानी में डुबोते हैं तो डंक के असर को मिटाने के लिए पानी का पचास डिग्री सेल्सियस तक गर्म होना आवश्यक है। पानी के तापमान की जांच के लिए छोटे वाटर डिजीटल थर्मामीटर बाजार में उपलब्ध हैं जिन्हें आप आसानी से आपताकाल में प्रयुक्त करने के लिए ले सकते हैं।

अभी तक हमने आपके साथ गर्म पानी में बिठाने और उससे जुड़े लाभों की बात की। अब हम इसके विपरीत आपको ठंडे पानी से होने वाले दुष्प्रभावों की जानकारी देना चाहेंगे।

35

**Cold WI**

| Core Body Temperature | **Extreme** |
|---|---|
| 35° C | Confusion, dis-orientation |
| 34° C | Amnesia |
| 33° C | Cardiac arrhythmia |
| 33° to 30° C | Loss of consciousness |
| 28° C | Cardiac Arrest |
| 25° C | Death |

*Physiology of drowning; a review. Physiology (Bethesda) 31,147-66*

## ठंडे पानी से होने वाले दुष्प्रभाव

स्लाइड (35) में आप देख सकते हैं कि जब शरीर का मूल तापमान कम होने लगता है तो यह धीरे-धीरे अनेक रोगों का कारण बनते हुए, व्यक्ति को मृत्यु की ओर भी ले जा सकता है, जैसे:

- 35 डिग्री सेल्सियस होने पर मतिभ्रम आदि हो सकता है।
- 34 डिग्री सेल्सियस होने पर व्यक्ति अमनीशिया से ग्रस्त हो सकता है।
- 33 डिग्री सेल्सियस होने पर कार्डियक अरदीमिया हो सकता है।
- 33-30 डिग्री सेल्सियस होने पर बेहोशी छा जाती है।
- 28 डिग्री सेल्सियस होने पर कार्डियक अरेस्ट हो सकता है।
- 25 डिग्री सेल्सियस होने पर व्यक्ति की जान तक जा सकती है।

इसी संदर्भ में आपके साथ एक और विषय पर भी चर्चा करना चाहूँगा। दरअसल कई बार बहुत छोटे कारण ऐसे होते हैं जो अज्ञानतावश हम तक नहीं पहुँचते और हमारे व हमारे अपनों के लिए रोग और मृत्यु का कारण बन जाते हैं।

## सुबह स्नान के समय होने वाले हार्ट अटैक

आपने भी कई बार सुना होगा कि एक व्यक्ति भला-चंगा था, परंतु जब वह सुबह सो कर उठा और स्नान करने गया तो उसे बाथरुम में ही हार्टअटैक हो गया। यहाँ यह माना जा सकता है कि संभवतः जब उसने बाथरुम में जा कर अपने सिर पर एकदम ठंडा पानी डाला होगा तो उसके शरीर का तापमान कम हो गया होगा जिसके कारण हार्ट अटैक आया और उसकी जान चली गई।

हमें सर्दियों के मौसम में सुबह नहाते हुए शरीर पर एकदम ठंडा पानी डालने से बचना चाहिए। हल्के गुनगुने पानी से स्नान करना ठीक होगा।

*यहाँ यह भी कह सकते हैं कि वार्म वाटर हील्स*, कोल्ड वाटर किल्स यानी गनगुने पानी से स्नान करने से शरीर को आरोग्य मिलता है परंतु ठंडे पानी से स्नान करना जानलेवा साबित हो सकता है।

इस तकनीक और पद्धति की सैद्धांतिक जानकारी पाने के बाद आपको इतना भरोसा तो हो ही गया होगा कि अगर आप इसे व्यवहार में ला सकें तो यह वास्तव में रोगी के लिए कितनी लाभदायक हो सकती है। जब भी आप डायलसिस या किडनी के रोगी को गर्म पानी में रखने वाली चिकित्सा देना आरंभ करेंगे तो उनके लक्षणों में बदलाव आने लगेंगे क्योंकि उन्हें हॉट वाटर इमरशन से लाभ हो रहा होगा। ऐसी स्थिति में आपको उनके डायलसिस की संख्या कम करनी होगी। उन्हें दी जाने वाली दवा में फेर-बदल होगा और ऐसी अनेक बातों को ध्यान में रखा जाएगा।

## बाथ टब का व्यावहारिक रूप

ऐसा करने से पूर्व आपको उन सभी छोटी बातों और उन बाधाओं पर चर्चा करनी होगी जो व्यवहार में लाते समय सामने आ सकती हैं। जैसे बाथ टब को ही लें। हमारे रोगी के लिए जिस बाथ टब की आवश्यकता है। दरअसल उसका माप 27 x 27 इंच है और उसकी लंबाई पाँच फीट तक होनी चाहिए। बाजार में मिलने वाले बाथ टब इतने उथले होते हैं कि उनमें रोगी को चाहने पर भी गर्दन तक पानी में डुबो कर नहीं बिठाया जा

सकता। हमें अपने काम के लिए एक विशेष रूप से तैयार किया गया बाथ टब चाहिए। दूसरी बात, यह बाथ टब ऐसा होना चाहिए जिसमें गर्म पानी सहन करने की क्षमता हो। बाजार में ऐसे बाथ टब आते हैं जिनमें हवा भर कर इस्तेमाल कर सकते हैं परंतु वे गर्म पानी को सहन कर सकेंगे या नहीं, यह नहीं कहा जा सकता और अगर वे ऐसा नहीं कर सकते तो वे हमारे किसी काम के नहीं हैं। हमें जो बाथ टब चाहिए, वह आकार में इतना बड़ा है कि घरों में जगह न होने पर उसे रखने में दिक्कत आ सकती है। इस तरह की बातों के व्यावहारिक हल तलाश करते हुए हमने स्वयं इस काम के लिए फोल्डिंग बाथ टब तैयार किया जो हमारे उपचार से जुड़ी सारी आवश्यकताओं की पूर्ति करता है और दूसरी बात यह है कि इसे जरूरत न होने पर, कहीं भी आसानी से फोल्ड करके रख सकते हैं। यह काफी कम खर्च पर तैयार होगा।

इसके अतिरिक्त हमें यह भी सीखना है कि ग्रेड सिस्टम के एक से नौ तक स्तर होंगे। हमें किडनी और डायलसिस के रोगी को उसके मेडिकल इतिहास, उसे होने वाले अन्य रोगों आदि की दशा के अनुसार चिकित्सा देनी है। इन बातों का विस्तार से अध्ययन करने के बाद ही आप तय कर सकेंगे कि किस रोगी को किस स्तर की चिकित्सा मिलेगी।

इसी तरह हृदय रोगियों को हम ग्रेड सिस्टम में जीरो स्तर की चिकित्सा प्रदान करेंगे।

जैसे हमने स्कूटर को टेढ़ा करके पेट्रोल को इंजन तक पहुँचाने वाला उदाहरण दिया था, उसके अनुसार ही हमारा शरीर गुरुत्वाकर्षण प्रतिरोध का प्रयोग अपने हक में करते हुए, पोस्चरल दवा बना सकता है। इसी श्रेणी में आपको और भी पोस्चरल दवाओं की जानकारी दी जाएगी जिसमें किसी भी तरह के महंगे मेडिकल उपकरणों, मशीनों, दुष्प्रभावों से भरी दवाएँ आदि लेने की आवश्यकता नहीं होगी। वे सभी तकनीकें हमारे लिए आसान हैं, निःशुल्क हैं, अस्पताल में मिलने वाले इलाज से बेहतर, सुरिक्षत व लंबे समय तक असर दिखाने वाली हैं। आपको इन्हें अपनाने के लिए किसी की मदद नहीं चाहिए। यदि रोगी एकाध बार उसे स्वयं कर लेगा तो बार-बार अस्पतालों या डॉक्टरों के चक्कर लगाने के बजाए स्वयं ही अपना उपचार घर में कर सकेगा।

पी.ई.ए.सी.ई. (P.E.A.C.E.) प्रोटोकॉल, हमारे पाठक हमारे काम करने के तरीकों से अच्छी तरह परिचित हैं। जैसे आपने पहले देखा कि हमने अपने उपचार में डीआईपी डाइट, 3 स्टेप फ्लू डाइट आदि को शामिल किया था। यहाँ हम पी.ई.ए.सी.ई. प्रोटोकॉल के अनुसार आगे आने वाली तकनीकों की विस्तार से जानकारी देंगे।

यहाँ पी शब्द का तात्पर्य, पोस्च्युरल मेडिसिन से है जिसके बारे में आप जान चुके हैं और ई. शब्द का अर्थ है, इलीमिनेशन यानी शरीर में जमा हो चुके व्यर्थ और विषैले पदार्थों को बाहर निकालना, जिसे हम हॉट वाटर बाथ टब पद्धति से सफलतापूर्वक निकालने का काम कर रहे हैं।

आगे चल कर हम इन बातों को व्यवहारिक रूप से लागू करना सीखेंगे जिन्हें यहाँ सैद्धांतिक रूप से जाना क्योंकि कई बार छोटी-छोटी बातों में लापरवाही करने और उपेक्षित करने से परिणाम में अंतर आ सकता है।

इसके साथ ही आपको इस प्रोटोकॉल के बचे हुए सूत्रों ए.सी.ई. के बारे में भी जानने का अवसर मिलेगा। हम इस संसार में आए हैं तो एक दिन सबको इस दुनिया को छोड़ कर जाना भी है परंतु हम जब तक इस ग्रह पर अपने जीवन को सुखद, पीड़ा और बाधा रहित व स्वस्थ रख सकें, तब तक ऐसा करने की कोशिश से पीछे नहीं हटना चाहिए।

## स्वस्थ शरीर में ही स्वस्थ मस्तिष्क का वास

एक स्वस्थ शरीर में ही स्वस्थ मस्तिष्क का वास होता है और इस समय हमारे चारों ओर ऐसे रोगियों की भरमार है जिन्हें उनके आसपास की परिस्थितियों ने और बीमार बना दिया है। लाखों रुपए इलाज पर लगाने के बाद भी वे और अधिक रोगी हो रहे हैं।

रोगी की चिकित्सा और दवा मानवता की सेवा नहीं, एक बड़े पैमाने पर चल रहा व्यापार बन गया है जिसमें निर्धनों और मध्यमवर्गीय लोगों के पास इलाज का विकल्प ही नहीं है। पैसे वाले लोग महँगे मेडिकल उपकरणों और दवाओं के बल पर किसी तरह अपने जीवन को जीने योग्य बनाने की जुगत में लगे रहते हैं परंतु हमारा सरोकार उन लोगों

से है जिनके पास जीने की बुनियादी सुविधाएँ तक नहीं हैं या जो लोग बड़े तथाकथित अस्पतालों और दवाओं के जाल में उलझ कर इतने दिग्भ्रमित हो गए हैं कि उन्हें आगे की राह नहीं सूझती।

हमारे मित्र डॉ. अमर सिंह आजाद एक जाने-माने विशेषज्ञ एवं चिकित्सक हैं और वे भी हमारी जैसी सोच रखते हैं। उनका कहना है कि हमारी चिकित्सा पद्धति ऐसी होनी चाहिए कि रोगी शीघ्र अति शीघ्र स्वस्थ हो और उसे दवा, रोग और डॉक्टर, तीनों से हमेशा के लिए मुक्ति मिल जाए।

आप हमारी पुस्तकों में जिन वैकल्पिक चिकित्सा पद्धतियों या पोस्च्युरल मेडिसिन के बारे में पढ़ रहे हैं या आगे भी पढ़ेंगे जैसे आयुर्वेद, नेचुरोपैथी, एक्यूप्रेशर व एक्यूपंचर आदि, ये सब पहले से हमारे चिकित्सा तंत्र का हिस्सा हैं और आज से नहीं सदियों से हमारे बीच बने हुए हैं। इनके प्रचार में आने वाली बाधाएँ और इनका बहुत अधिक प्रचार न होने कारण यही है कि इनके साथ किसी तरह का व्यापार नहीं हो सकता। ये उपयोगी चिकित्सा तंत्र मानवता की सेवा के लिए बनाए गए हैं। हम चाहते हैं कि आप हमारी इस मुहिम का हिस्सा बनें, हमारे साथ शामिल हों, हमारे साथ मिल कर चलें और इस समाज को एक बेहतर समाज बनाने में सहायक हों, जो इस समय वस्तुतः रोग और रोग के भ्रामक और जालसाजी से भरे चिकित्सा जगत में भटकने को विवश है।

एमर्जेंसी और पैन मैनेजमेंट के विषय में जानकारी पाने और उसे व्यावहारिक रूप से लागू करने के साथ-साथ आप अपनी ओर से समाज और मानवता के प्रति सहायता का वचन निभा सकते हैं। हमारे विशेषज्ञों के दल ने जिस तरह कोविड के रोगियों का इलाज किया, हालांकि हम उसे कोविड नहीं फ्लू ही मानते हैं, जिस तरह उन्होंने पोस्च्युरल मेडिसन और रोगी की दशा के आधार पर डाइट देते हुए उन्हें निरोगी करके कीर्तिमान स्थापित किया। उसे देख कर भविष्य के लिए आशा बँधती है कि हम किसी भी तरह के दुष्प्रभावों से रहित, तेज़ी से काम करने वाली, लंबे समय तक असर दिखाने वाली, सुरक्षित और निःशुल्क चिकित्सा पद्धतियों को सबके बीच पहुँचाने में

सफल होंगे। सबसे बड़ी बात यह है कि इनके प्रयोग व उपचार में आपको किसी पर निर्भर रहने की आवश्यकता नहीं है। एक बार आवश्यक प्रबंध और व्यवस्था करने और छोटे-छोटे बिंदुओं को बारीकी से समझने के बाद आप स्वयं घर बैठे अपनी चिकित्सा कर सकेंगे।

# भाग - 2

# 360° पोस्च्युरल मेडिसिन

## दुनिया की सबसे तेज़ एमर्जेंसी दवा

पुस्तक के पिछले भाग में, हमने किडनी फेलियर, कैंसर रोग तथा अन्य कई रोगों की रोकथाम के लिए गर्म पानी से भरे बाथटब में रोगी को बिठाने की सरल चिकित्सा (HWI) हॉट वाटर इमरशन का अध्ययन किया। उसमें ही यह भी बताया गया कि अगर किसी व्यक्ति में हार्ट अटैक के लक्षण दिख रहे हैं तो आप उसके बचाव के लिए क्या-क्या कर सकते हैं।

(36)

# 360°

# Postural Medicine

## World's Fastest Emergency Medicine

पुस्तक के इस भाग में हम 360 डिग्री पोस्च्युरल मेडिसिन की बात करने वाले हैं। इसे आप दुनिया की सबसे तेज़ एमर्जेंसी दवा भी कह सकते हैं। ऐसी एमर्जेंसी दवा जो सबसे अधिक तेज़ी से असर दिखाने वाली, सुरक्षित, दुष्प्रभावों से रहित और असरदार है। जिस तरह दर्द होने पर दर्दनिरोधक दवा तुरंत असर करती है या नींद लाने की गोली अपना प्रभाव दिखाती है, उसी तरह पोस्च्युरल मेडिसिन भी शरीर को निरोगी रख सकती है। शरीर पोस्चर में बदलाव आते ही स्वयं अपनी चिकित्सा करने लगता है। उसका आरोग्य आरंभ हो जाता है।

37

Postural Medicine

आप दिए गए इस स्लाइड (37) को ध्यान से देखें। इसमें आपको क्या दिखाई दे रहा है। एक गणमान्य अतिथि को सलामी दी जा रही है परंतु एक सैनिक बिलकुल पेट के बल चित्त पड़ा है। क्या वह आने वाले गणमान्य व्यक्ति के पैर छूना चाहता है या वह उसके प्रति अपना आभार प्रकट करने के लिए इस साक्षात दंडवत मुद्रा में दिखाई दे रहा है? जी नहीं, आपका यह अनुमान ग़लत है। आपको आपके बचपन का एक दृश्य याद दिलाना चाहूँगा। आपको याद है, कई बार असेंबली में प्रार्थना के दौरान ऐसा होता था कि कोई बच्चा बेहोश हो कर धड़ाम से नीचे गिर जाता था। उसे उठा कर पानी पिलाया जाता और वह कुछ ही देर में स्वस्थ हो कर कक्षा में वापिस आ जाता। उसके गिरने को ले कर कई तरह की अटकलें लगाई जातीं, कभी गर्मी के मौसम को दोष दिया जाता, कभी कहा जाता कि उसके शरीर में पानी की कमी हो गई थी या उसे बुखार और कमजोरी वगैरह हुए होंगे आदि। परंतु हमें कभी उपयुक्त उत्तर नहीं मिला।

आज हम आपको उस प्रश्न का उत्तर देते हैं। वह बच्चा बहुत देर तक असेंबली में स्थिर मुद्रा में खड़े रहने के कारण गिरता था और शरीर स्वयं ही उसे बेहोश कर पोस्च्युरल बदलाव के साथ तुरंत स्वस्थ कर देता था।

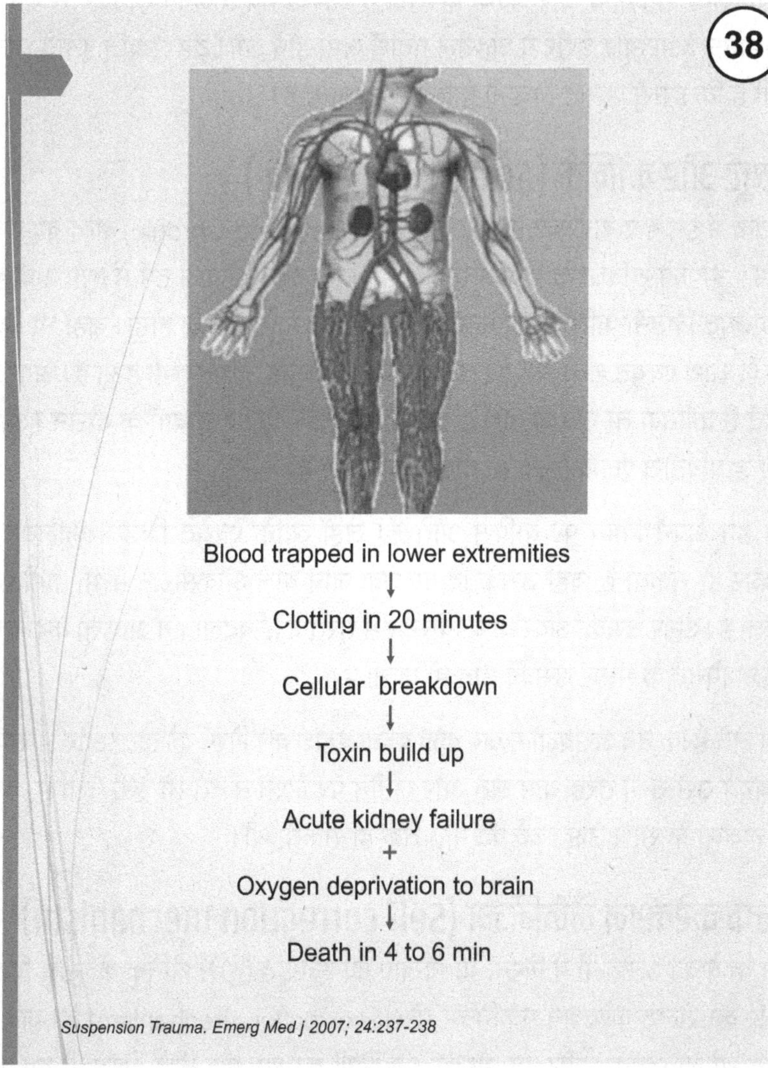


इस जगह भी यह व्यक्ति बहुत देर तक एक ही पोस्चर में खड़ा था और अचानक गिर गया। उसके गिरने का कारण आपको स्लाइड (38) देख कर समझ आ जाएगा। वह पिछले बीस मिनट से अधिक समय से इसी तरह खड़ा था। शरीर के निचले हिस्से

में रक्त जमा होने लगा और जल्दी ही टाँगों में रक्त के थक्के जम गए। जिससे सैलुलर ब्रेकडाउन हुआ और शरीर में जहरीले पदार्थ जमा होने लगे। यह स्थिति इतनी घातक होती है कि इससे एक्यूट किडनी फेलियर हो जाता है।

## एक्यूट और क्रॉनिक (Acute and Chronic)

पुस्तक में हम बार-बार एक्यूट और क्रॉनिक (Acute and Chronic) शब्द का प्रयोग करेंगे। आपकी सुविधा के लिए बताना चाहेंगे कि इनके मेडिकल टर्म में क्या अर्थ होते हैं। एक्यूट किडनी फेलियर का मतलब है, अचानक किडनी फेल होना। जहाँ भी किसी रोग के साथ एक्यूट शब्द आएगा, उसका अर्थ है कि वह अचानक ही हुआ है। अगर हम कहते हैं क्रॉनिक तो उसका अर्थ है कि वह रोग धीरे-धीरे कुछ वर्षों के दौरान हुआ है, जैसे डायबिटीज एक क्रॉनिक या दीर्घकालीन रोग है।

अब हम अपने विषय पर वापिस आते हैं। जहाँ व्यक्ति एक्यूट किडनी फेलियर का शिकार हो सकता है, वहीं उसके दिमाग तक जाने वाले ऑक्सीजन में भी कमी आने लगती है। अगर उसकी अवस्था या पोस्चर में तुरंत कोई बदलाव न आए तो केवल चार से छह मिनट के भीतर उसकी मौत हो जाती है।

मान लेते हैं कि तब असेंबली में जब कोई बच्चा बेहोश कर गिरने को होता और आसपास के बच्चे उसे उसी तरह थाम लेते और ज़मीन पर गिरने न देते तो ऐसी दशा में, बताए गए लक्षणों के साथ उस बच्चे की मौत तक हो सकती थी।

## सेल्फ करेक्शन मैकैनिज्म (Self correction mechanism)

उस बच्चे का असेंबली में गिरना या दिखाए गए स्लाइड (37) में सैनिक का नीचे गिरना, शरीर का सेल्फ करेक्शन मैकैनिज्म (Self correction mechanism) है। जब वह खड़ा था तो उसके शरीर का पोस्चर 90 डिग्री का था और नीचे गिरते ही वह 180 डिग्री हो गया। शरीर के निचले हिस्से में जमा हुआ रक्त, फिर से पूरे शरीर में प्रवाहित होने लगेगा और तीन-चार मिनट में बेहोशी टूट कर व्यक्ति स्वस्थ हो जाएगा। यदि

उसे पकड़ कर रखा गया और शरीर के पोस्चर में बदलाव न लाया गया तो यह घटना जानलेवा हो सकती है।

## सस्पेंशन ट्रॉमा (Suspension Trauma)

आप इस स्लाइड (39) को देखें तो सस्पेंशन ट्रॉमा के बारे में जान सकते हैं। जो लोग पर्वतारोहण करते हैं, उन्हें कई बार पहाड़ों पर चढ़ते हुए हुक में लटकना होता है और यदि कोई पर्वतारोही ग़लती से इसी तरह बिना हिले लटका रहे और उसे अपने पोस्चर को बदलने का ज़रा-सा भी अवसर न मिले तो वह सस्पेंशन ट्रॉमा का शिकार हो सकता है। यदि उसका इस स्थिति से बचाव न किया जाए तो चार से छह मिनट के अंदर उसके दिमाग में ऑक्सीजन का स्तर घटने लगेगा और वह नहीं बचेगा।

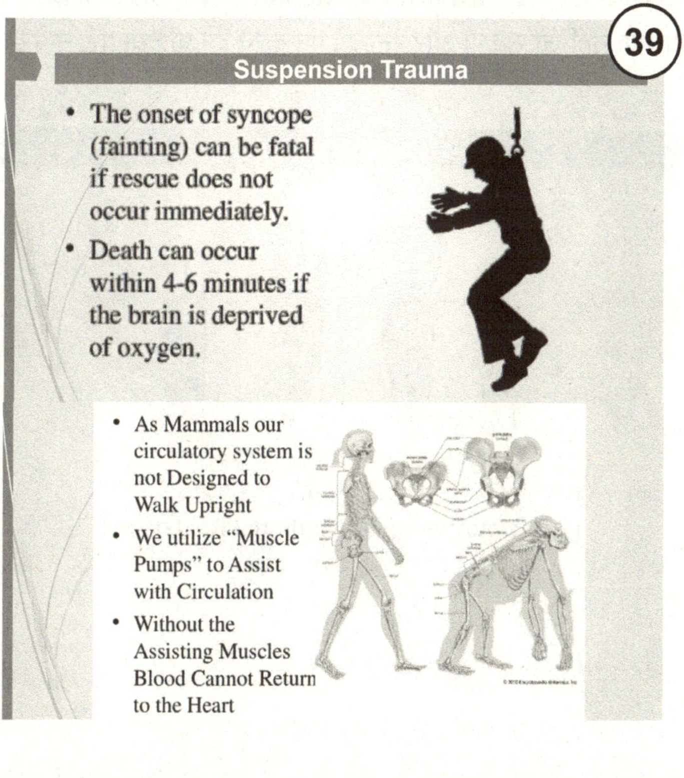

## मसल पंप

केवल मनुष्य ही ऐसा जानवर है जो अपने दो पैरों पर खड़ा हो सकता है। बाकी जानवर चौपाए होते हैं। हमारा रक्त परिसंचरण तंत्र इस तरह नहीं बनाया गया कि हम दो पैरों पर खड़े हों। दरअसल जब हमें बनाया गया तो हम भी जानवरों की तरह चौपाए ही थे। चौपाए जानवरों का हृदय शरीर के बीच में स्थित होता है इसलिए पूरे शरीर में रक्त का प्रवाह सुचारु बना रहता है। परंतु हम सीधे खड़े होते हैं तो हम रक्त के प्रवाह को बनाए रखने के लिए 'मसल पंप' का प्रयोग करते हैं। इसे समझने के लिए स्लाइड (40) को ध्यान से देखें। जब इंसान खड़ा होता है तो उसका हृदय शरीर में सबसे ऊपर आ जाता है, तब पूरे शरीर में रक्त को संचारित रखने के लिए टाँगों की मांसपेशियाँ पंपिंग का काम करती हैं। अगर मांसपेशियों की सहायता से रक्त ऊपर की ओर न जाए तो वह हृदय तक नहीं जा सकेगा और रक्त को पंप करने की प्रक्रिया पूरी नहीं हो सकेगी।

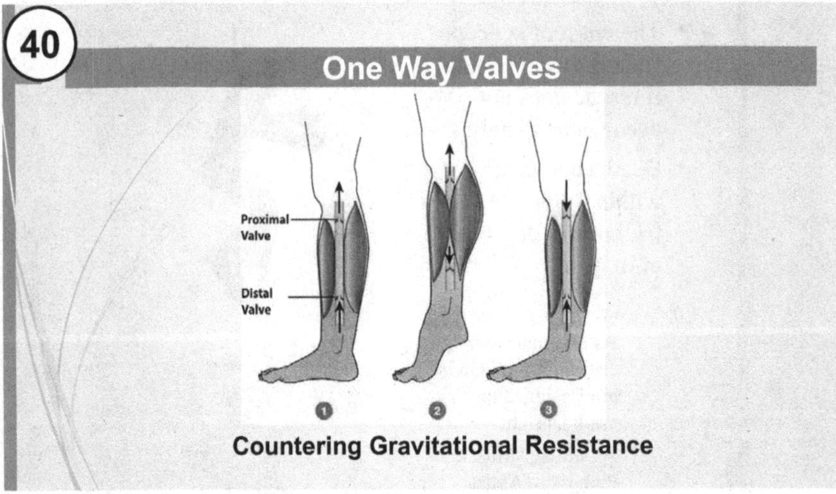

जब भी कोई व्यक्ति लंबे समय तक स्थिर खड़ा रहेगा तो उसके साथ इस तरह की घटना का होना सहज ही है। जैसे आप मुझे ही लें, मुझे प्रायः कांफ्रेंस या सेमीनार आदि में लंबे समय तक भाषण देने के लिए खड़ा होना पड़ता है। ऐसे में अपनी स्वस्थ दशा को बनाए रखने के लिए एक उपाय अपनाता हूँ। जूतों के अंदर छिपे पैरों के अंगूठे धीरे-धीरे हिलाता रहता हूँ या उन्हें जूतों के अंदर दबाने की कोशिश करता हूँ ताकि शरीर में रक्त का संचार सुचारु रूप से होता रहे और मेरे बेहोश हो कर गिरने की नौबत न आए।

## पोस्चर 180 डिग्री

स्लाइड (40) को देखें, आप देख सकते हैं कि पैरों की मांसपेशियाँ रक्त को ऊपर की ओर प्रवाहित कर रही हैं। हमारे शरीर में रक्त के परिसंचरण के लिए हृदय और पैर ही उत्तरदायी हैं। यदि ये दोनों सही तरह से काम करते रहे तो पूरे शरीर में रक्त का दौरा बना रहेगा। जब ऐसा नहीं हो पाता तो शरीर स्वयं सुधारात्मक कारवाई करते हुए, बेहोश हो जाता है। बेहोश व्यक्ति के शरीर का पोस्चर 180 डिग्री पर आते ही हृदय अपना काम बेहतर तरीके से करने लगता है और उसकी पंपिंग ठीक होने लगेगी।

अगर आप चाहें तो स्कूल की असेंबलियों में बच्चों के लिए यह घोषणा करवाई जा सकती है कि वे लगातार स्थिर खड़े रहने के बजाए अपने पैर के अंगूठों को धीरे-धीरे हिलाते रहें। इस तरह किसी बच्चे के बेहोश हो कर गिरने की नौबत नहीं आएगी। पोस्च्युरल मेडिसिन इस तरह हमारे जीवन के लिए अनेक रूपों में सहायक है। शरीर हमें बेहोश करके मरने से बचा रहा है।

41

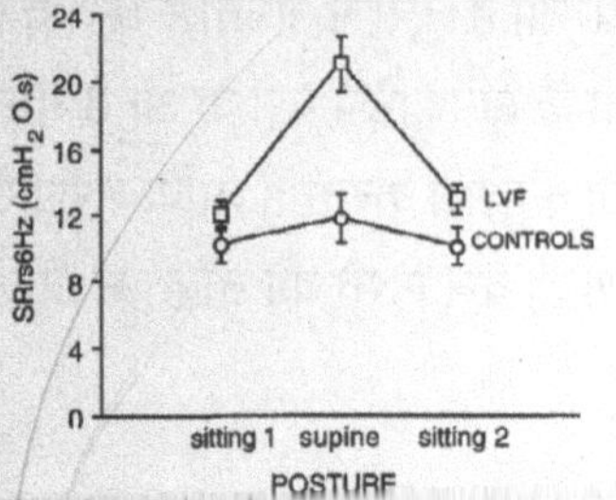


Change of mean values of specific respiratory resistance (SRrs) measured at 6 Hz with posture in 10 patients with chronic LVF and 10 control subjects. Bars indicate SEM.

**LVF (Heart Failure)**
↓
**Supine position**
↓
**Reduction in Lung Volume**
↓
**Intra Thoracic Airway Resistance**
↓
**Orthopnea / Sleep Apnea**

*Effect of Supine Posture on Respiratory Mechanics in Chronic Left Ventricular Failure American Journal of Respiratory and Critical Care Medicine Volume 162, Issue 4*

## स्लीप एपनिया (sleep Apnea)

अब आप एक और स्थिति देखें, जब भी किसी के हार्ट की मांसपेशियां कमजोर होती हैं तो कहा जाता है कि उसका हार्ट फेल हो गया। ऐसे रोगी को यदि सुपाइन पोजीशन (supine position) में यानी पीठ के बल लिटा दिया जाएगा तो फेफड़ों पर हृदय होने के कारण फेफड़ों की क्षमता बीस प्रतिशत तक कम हो जाती है। जिससे साँस लेने में दिक्कत होने लगती है। ऐसे व्यक्ति को सोते समय बहुत परेशानी का सामना करना पड़ता है और उस दौरान बीच-बीच में उसकी साँस रुक भी सकती है। जिसे स्लीप एपनिया (sleep Apnea) कहा जाता है।

## समस्या का हल या उसका अंग

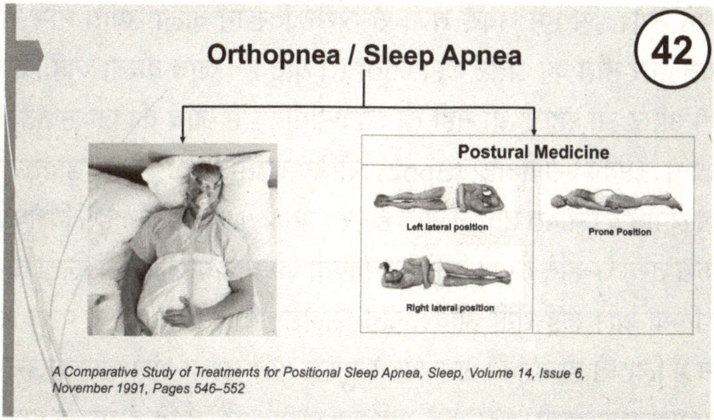


जब भी नींद के दौरान साँस न आने की तकलीफ के साथ रोगी डॉक्टर के पास या अस्पताल में जाता है तो उसे पीठ के बल लिटा दिया जाता है। डॉक्टर उसे उसकी समस्या का स्थायी हल देने के बजाए अल्पकालीन चिकित्सा प्रदान करता है। ऐसे रोगी को बाई-पैप या सी-पैप लगा कर पीठ के बल लिटा दिया जाता है। उससे कहा जाता है कि वह घर में भी इसी बाई-पाइप को लगा कर सोएगा तो उसकी समस्या हल हो जाएगी।

रोगी का हार्ट और लंग्स कमज़ोर हो गए हैं, उसे सोते समय पूरी तरह से साँस नहीं आती। ऐसे में बाई-पैप का समाधान उसके लिए बहुत असुविधा का कारण बनता है। यह एक खर्चीला उपाय है जिसमें तीस से पचास हज़ार रुपए का खर्च आता है। बाई-पैप की निर्भरता बन जाती है, उसके अभाव में रोगी सो तक नहीं सकता। हार्ट और कमजोर होता जाता है। इस तरह आप कह सकते हैं कि यह किसी समस्या का हल होने के बजाए उसी समस्या का एक अंग बन जाता है।

जबकि यदि ऐसे रोगी के लिए हम पोस्च्युरल मेडिसिन का प्रयोग करें तो वह कहीं अधिक कारगर हो सकती है। उसे प्रोन पोजीशन में लिटा दें यानी पेट के बल लिटा दें। ज्यों ही उसे इस तरह लिटाया जाएगा, फेफड़े ऊपर होंगे और हृदय नीचे आ जाएगा। तीन से पाँच मिनट के अंदर उसकी साँस न आ पाने की समस्या हल हो जाएगी क्योंकि

ऐसा करने से फेफड़ों की क्षमता बीस प्रतिशत तक बढ़ गई और वे बेहतर तरीके से काम करने लगे। इसे हम सबसे तेज़ी से असर दिखाने वाला उपाय मान सकते हैं। इसे जीवन और मौत का अंतर कहा जाता है। यदि हम जांच करना चाहें कि रोगी की स्थिति में अंतर आ रहा है या नहीं तो ऑक्सीमीटर से जांच की जा सकती है। कुछ ही मिनटों में उसकी एसपीओ2 (Spo2) रीडिंग बढ़ती दिखाई देगी। डॉक्टर रोगी को वेंटीलेटर लगाने की नौबत तक ले जाते हैं परंतु हमारे (N.I.C.E) नाइस विशेषज्ञ जानते हैं कि किस तरह उन्होंने गंभीर से गंभीर रोगियों को प्रोन पोजीशन में लिटा कर उनका उपचार किया था। कई रोगी ऑक्सीज़न सिलेंडर के साथ आते थे परंतु उन्हें प्रोन पोजीशन में लिटाते ही उनकी अवस्था में सुधार होने लगता और ऑक्सीजन सिलेंडर की आवश्यकता न रहती। बस उन्हें यही एक सलाह दी गई कि वे पेट के बल लेटें

वहीं दूसरी ओर सुपाइन पोजीशन में लेटे रोगी को बाई-पैप लगा कर फेफड़ों को जबरन वायु देने का काम किया जाता है जिससे फेफड़ों की क्षमता घट जाती और वे खराब होने लगते हैं। ऐसे रोगियों को आपको केवल एक ही निर्देश देना है कि वे पीठ के बल न सोएँ। यह पोजीशन उन्हें तत्काल राहत देगी और इसके साथ ही डीआईपी डाइट (DIP Diet) को भी शामिल कर दिया जाए जिससे अंगों को भीतर से ताकत मिले और वे स्वस्थ हो सकें।

पोस्च्युरल मेडिसिन का यही कमाल है।

## एक अनोखी टी-शर्ट

आप हैरान हो रहे होंगे कि पोस्च्युरल मेडिसिन की चर्चा के दौरान हम टी-शर्ट के बारे में क्या बात करने जा रहे हैं। दरअसल यह विषय भी हमारे रोगी के लिए ही है जिसे पीठ के बल सोने से मना किया जा रहा है। आप किसी को पीठ के बल सोने को मना कर सकते हैं और वह हामी भी भर देगा परंतु यह भी संभव है कि नींद गहरी होने पर वह दोबारा पीठ के बल लेट जाए। ऐसे में ही हमारी यह अनोखी टी-शर्ट काम आती है। टी-शर्ट को एक निराली तकनीक से तैयार किया है जिस पर लिखा है:

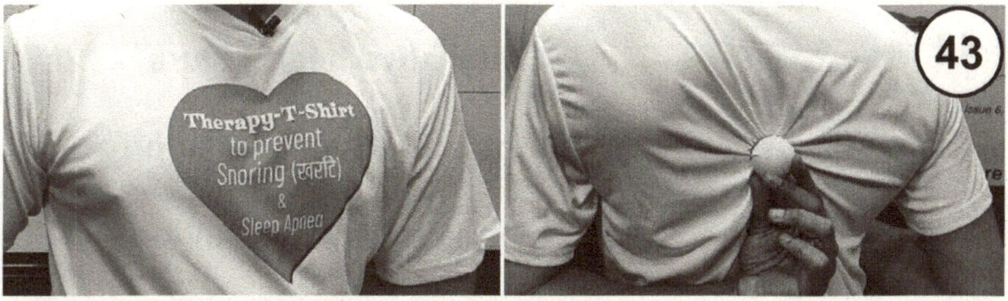


(यह टी-शर्ट खर्राटों और सोते समय साँस न आने की समस्या से छुटकारा दिलाती है)

आप हैरान हो रहे होंगे कि इस तरह का प्रिंट टी-शर्ट पर करवा देने से यह कारगर कैसे हो सकती है? क्या इस टी-शर्ट को पहन कर सोने से वाकई खर्राटे आने बंद हो जाते हैं और रात को सोते समय साँस लेने में दिक्कत भी नहीं होगी? दरअसल इसका मैकेनिज़्म टी-शर्ट के पिछले हिस्से में है, उसमें हमने एक नींबू को रबड़बैंड की मदद से अटका रखा है। ज्यों ही वह व्यक्ति गहरी नींद में पीठ के बल लेटने की कोशिश करेगा, उसे पीठ पर बँधा नींबू चुभेगा और वह दोबारा पेट के बल लेट जाएगा।

जो इंसान सोते समय बहुत खर्राटे भरता हो, उसे भी पेट के बल लिटाया जाए तो खर्राटे मारने बंद हो सकते हैं।

यह एक ऐसा उपाय है जिसमें हज़ारों-लाखों रुपए खर्च करने की आवश्यकता नहीं। केवल दो रुपए का नींबू आपके काम आ सकता है। अगली सुबह उस नींबू को निकाल कर नींबू पानी पी लें और फिर दोबारा दूसरा नींबू लगा लें। आपको पता ही होगा कि नींबू पानी भी आपकी सेहत के लिए कितना अच्छा है।

तो यह है पोस्च्युरल मेडिसिन का असर। न कोई दाम, न कोई दुष्प्रभाव और सबसे तेज़ी से सामने आने वाले नतीजे!

हम जो भी उपाय सुझाते हैं, उसे अपने रोगियों पर आज़माने के बाद ही आपके बीच लाते हैं इसलिए इनके परिणामों के विषय में संदेह न रखें।

**44**

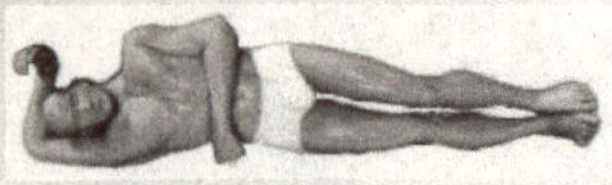

Right lateral position

**Congestive heart failure**

↓

**Right lateral sleep position**

↓

**Heart is in higher position**

↓

**Improves venous return from lung**

**Highest Vagal Activity** | **Lowest sympathetic tone**

↓

**Self protecting mechanism makes patient comfortable**

*Effects of Posture on Cardiac Autonomic Nervous Activity in Patients With Congestive Heart Failure, journal of the American College of Cardiology Vol. 37, No. 7, 2001.*

*Avoidance of the left lateral decubitus position during sleep in patients with heart failure: relationship to cardiac size and function, Journal of the American College of Cardiology volume 41, Issue 2, 15 January 2003, Pages 227-230.*

## सेल्फ प्रोटेक्टिंग मैकेनिज़्म

अब हम अपनी बात पर दोबारा वापिस आते हैं। जब भी कोई व्यक्ति हार्ट फेलियर का रोगी होता है तो उसे दाईं करवट सोने के लिए कहा जाता है।

जब वह इस पोजीशन में लेटता है तो उसका हार्ट ऊपर की ओर होता है। यदि वह सोते हुए केवल पहला एक घंटा भी इस तरह सो सके तो उसे लाभ होगा।

ऐसा करने से फेफड़ों के शिरापरक (Venous return) में सुधार होता है।

वेगस तंत्रिका संबंधी (vagal) गतिविधि बढ़ती है।

और सिंपथेटिक टोन कम हो जाती है।

यह सेल्फ प्रोटेक्टिंग मैकेनिज़्म (Self protecting Mechanism) रोगी को आराम पहुँचाता है।

हार्ट और लंग्स का आपस में एक ताना-बाना होता है। शरीर की पोजीशन पर बहुत हद तक निर्भर करता है कि ये एक-दूसरे के लिए कैसे सहायक हो सकते हैं।

**45**

**Chronic heart failure**

↓

**HWI**

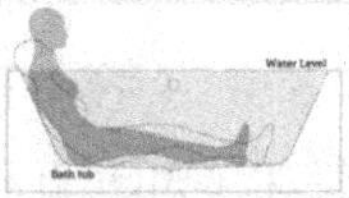

↓

**Immediate increase in cardiac output**

**+**

**Fall in vascular resistance**

*Warm water immersion in patients with chronic heart failure: a pilot study. Clinical Research in Cardiology (2019) 108;468-476*

आने वाले पन्नों में हम आपको बताएँगे कि किस तरह फेफड़ों की 10-20 से.मी. बदली हुई पोजीशन से भी मिनटों में रोगी को आराम दिलाया जा सकता है। पोस्चर को बदल दिया जाए तो रोगी को मिनटों में बेहतर महसूस होने लगता है।

हमें दोनों उद्देश्य पूरे करने हैं:

रोगी को तत्काल राहत देनी है जो कि उसकी अस्थायी चिकित्सा होगी।

फिर उसके रोग की स्थायी रूप से चिकित्सा करनी है।

जब हम सबसे पहले रोगी की पोजीशन बदलते हैं तो उसे आराम आता है और आगे चल कर जब उसे डीआईपी डाइट दी जाती है और हॉट वाटर इमरशन तकनीक अपनाई जाती है तो उसकी कार्डियक आउटपुट बीस प्रतिशत तक बढ़ जाती है।

यदि हम प्रतिदिन, पूरे एक माह तक, एक घंटे तक हॉट वाटर इमरशन तकनीक का प्रयोग करें तो हार्ट की कंडीशन बहाल होने लगेगी। यह एक ऐसी सरल तकनीक है जिसे करने के लिए किसी विशेषज्ञ की मदद नहीं चाहिए। रोगी स्वयं इसे कर सकता है। उसे किसी दूसरे के सहयोग की आवश्यकता नहीं होती इसलिए दूसरों पर निर्भरता समाप्त होती है। इसके लिए किसी प्रकार के महँगे उपकरण या यंत्र नहीं चाहिए। इस प्रकार यह तकनीक उसके लिए रामबाण का काम करती है।

# कार्डियो रेस्पीरेटरी रोग

हमारे फेफड़े और हृदय एक-दूसरे के साथ ताल-मेल से काम करते हैं। अगर इनमें से एक भी कमजोर होगा तो दूसरे पर उसका असर पड़ना स्वाभाविक ही है। इसी वजह से रोगी को कार्डियो-रेस्पीरेटरी रोग (Cardio Respiratory disease) का सामना करना पड़ता है।

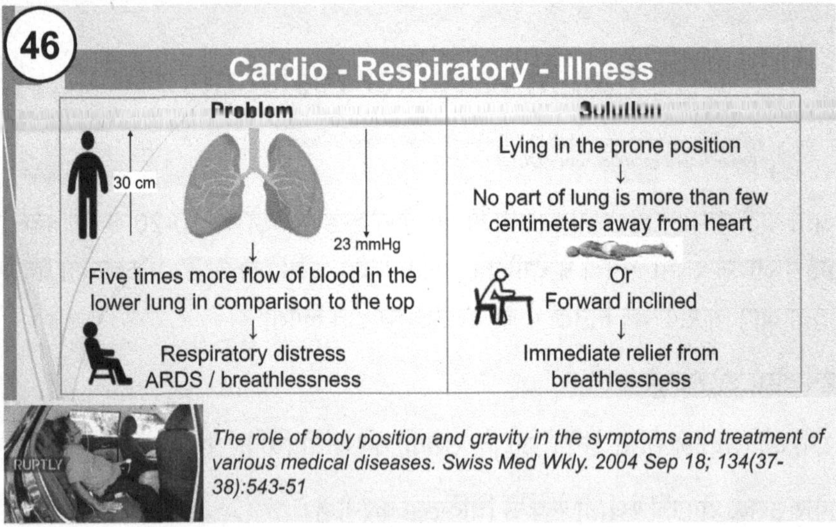


अगर आप स्लाइड (46) को ध्यान से देखें तो जान सकते हैं कि हमारे फेफड़ों के ऊपर और नीचे वाले हिस्से में 30 से.मी. का अंतर होता है। फेफड़ों में ऊपर वाले हिस्से की तुलना में निचले हिस्से में वायुमंडलीय दबाव 23 एमएमएचजी अधिक है। फेफड़ों का यह अंतर केवल मनुष्यों के शरीर में पाया जाता है। जानवरों के शरीर में फेफड़ों के सभी हिस्सों में एक समान वायुमंडलीय दबाव होता है। जिसके कारण उन्हें इस प्रकार के रोग नहीं होते। इस अधिक वायुमंडलीय दबाव यानी एटमॉसफेरिक प्रेशर का अर्थ है कि फेफड़ों के निचले हिस्से में, ऊपरी हिस्से की तुलना में रक्त का प्रवाह पाँच गुना अधिक होता है। ऐसा मनुष्य के शरीर में पाया जाता है क्योंकि वह सीधा खड़ा होता है। हालांकि उसका शरीर किसी चौपाए की तरह रहने के लिए बना था, जैसे हमारे पूर्वज रहते थे परंतु

इनसान ने सीधा खड़ा होना सीख लिया। जिससे हमारे शरीर का संतुलन बिगड़ गया। हमारे शरीर की रचना या ज्यामिती ब्रह्माण्ड की तरह है। हमें धरती के नीचे से ग्रेवीटेशनल पुल यानी गुरुत्वाकर्षण का खिंचाव और ऊपर से वायुमंडलीय दबाव मिलता है।

जब मनुष्य दो पैरों पर खड़ा होने लगा तो हार्ट के अच्छी तरह काम करने के कारण वह इस स्थिति में भी बेहतर तरीके से सांस ले पा रहा था परंतु परेशानी तब होती है जब किसी व्यक्ति के हार्ट और लंग्स दोनों ही कमजोर हो जाएँ। जिसके कारण रेस्पीरेटरी डिस्ट्रेस (एआरडीएस) / सांस लेने में कठिनाई हो सकती है।

यदि आप इस स्लाइड (46) को गौर से देखें तो आपको कार में एक व्यक्ति लेटा दिखाई देगा जिसे ऑक्सीजन लगाई गई है। कोविड के दिनों में ऐसे दृश्य मीडिया पर आम दिखाई देते थे जिनमें कहीं दाखिला न मिलने के कारण सांस लेने में असमर्थ रोगियों को ऑक्सीजन सिलेंडर लगा कर कहीं भी बिठा दिया जाता था। इस स्लाइड (46) में भी वह व्यक्ति पीठ के बल बैठा है। जिससे उसके फेफड़ों की क्षमता और भी कम हो रही है। जिससे सांस लेने की दिक्कत और बढ़ती जाएगी।

यदि हम इस अवस्था में अस्पताल जाते हैं तो डॉक्टर भी हमें पीठ के बल लिटा देते हैं या फिर हम स्वयं ही इन बात से अनजान होने के कारण पीठ के बल लेटे रहते हैं। हम शरीर को यह मौका नहीं देते कि वह पोस्चर में होने वाले बदलाव से लाभ उठाते हुए रोग का समाधान कर सके।

कार्डियो रेस्पीरेटरी रोग का समाधान यह होगा कि रोगी को सबसे पहले प्रोन पोजीशन में लिटाया जाए।

इस तरह लंग्स का कोई भी हिस्सा हार्ट से कुछ सें.मी. की दूरी से अधिक नहीं होगा। अगर आप रोगी को कहीं लिटा नहीं सकते या वह अभी लेटने की हालत में नहीं है तो उसे स्लाइड (46) में दिखाई गई पोजीशन के अनुसार आगे की ओर झुक कर बैठने को कहें।

इसके साथ ही उसके हाथ में एक छोटा पंखा थमा दें ताकि उसके नाक के पास सीधी हवा आती रहे।

इतना करने पर ही उसे तत्काल सांस लेने में आसानी महसूस होने लगेगी। उसके आगे झुकते ही हार्ट आगे की ओर आ जाएगा। जिससे तत्काल राहत मिलेगी। हमारे शरीर और बह्माण्ड की बनावट नट और बोल्ट की तरह है। अगर आप शरीर की बनावट के पोस्चर में थोड़ा-सा बदलाव ला सकें तो समस्या को हल कर सकते हैं।

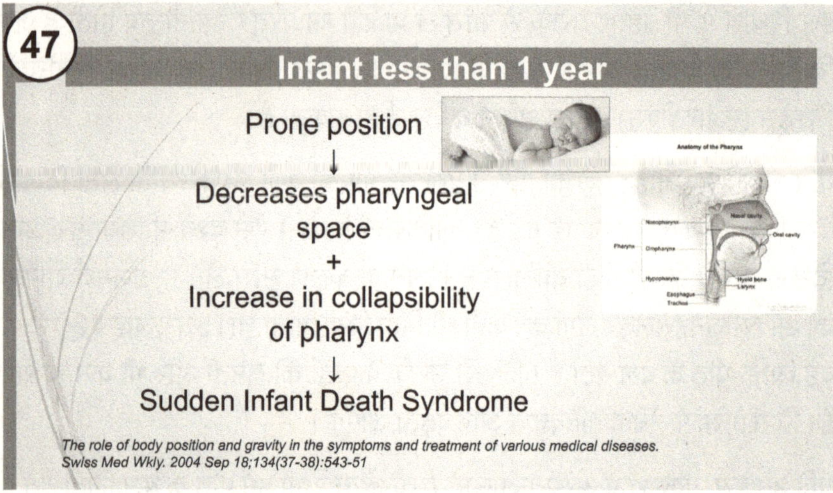


## सडन इंफेंट डैथ सिंड्रोम (Sudden infant death Syndrome)

अभी तक हम आपको बताते आए हैं कि आपको सांस लेने में दिक्कत होने पर पीठ के बल नहीं लेटना। आप प्रोन पोजीशन में लेटेंगे। परंतु यह नियम एक वर्ष से कम आयु के बच्चों पर लागू नहीं किया जा सकता। जब कोई छोटा बच्चा पेट के बल लेटता है इससे उसके नाक और मुँह के पीछे वाले हिस्से की जगह कम हो जाती है जिससे वह अचानक सोते-सोते ही मर भी सकता है। इसे सडन इंफेंट डैथ सिंड्रोम के नाम से जाना जाता है।

जिस तरह हमने इसी पुस्तक में स्कूल असेंबली में खड़े होने वाले बच्चों के लिए एक संदेश दिया था। उसी तरह हम एक वर्ष से कम आयु के बच्चों के माता-पिता को संदेश देना चाहेंगे कि वे अपने छोटे बच्चे को पेट के बल न लिटाएँ। वैसे सामान्यतः बच्चा पीठ

के बल ही सोता है या फिर करवट लेता है। अगर वह कुछ देर के लिए पलट कर पेट के बल सो भी जाए तो शरीर स्वयं ही आत्मसुधार करते हुए उसे पीठ के बल कर देता है।

कई बार बच्चा कमजोर होने के कारण या किसी दूसरी वजह से अपने-आप पेट के बल से पीठ के बल नहीं हो पाता या करवट नहीं ले पाता तो ऐसे में वह असमय मृत्यु का शिकार हो सकता है। ऐसे में बच्चे के माता-पिता को ध्यान रखना होगा कि वे उसे सुपाइन पोजीशन में ही लिटाएँ क्योंकि अभी उसका शरीर भीतर से विकसित हो रहा है, उसका शारीरिक तंत्र पूरी तरह से बना नहीं है।

## बेड-रेस्ट या बैड-रेस्ट

चाहे कोई मनुष्य खड़ा हो, लेटा हो या बैठा हो, वह अपने पोस्चर में ज़रा-सा बदलाव ला कर अपने पोस्चर में सुधार कर सकता है। पोस्च्युरल सेहत को बनाए रख सकता है। यह सुधार लाते ही कुछ ही मिनटों और अधिकतम पाँच मिनट में उसे शारीरिक दशा, दर्द व रोग आदि से आराम मिलने लगता है।

जब लेटने की बात आए तो सबसे पहले प्रोन पोजीशन आती है, यानी उसे पेट के बल लेटना है। यदि वह हृदय रोगी है तो उसे करवट से लेटने की सलाह दी जाती है और वह भी दाईं करवट से, इस तरह उसे हृदय रोग से आराम आ जाता है।

हमारा शरीर अपने लिए बचाव का काम भी स्वयं ही करता है। इसे सेल्फ करेक्टिंग मैथड कहा जाता है। आपने ध्यान दिया होगा कि जब हम रात को सोते हैं तो जिस करवट या जिस पोस्चर में लेटते हैं तो सुबह उसी करवट या पोस्चर में नहीं उठते। दरअसल हम रात को हर कुछ देर बाद अपने शरीर की पोजीशन बदलते रहते हैं। हम जान कर ऐसा नहीं कर रहे। हम तो नींद में होते हैं। हमारा शरीर ही अपनी सुविधा और आराम को ध्यान में रखते हुए पोस्चर बदलता रहता है। यही पोस्च्युरल विज्ञान है। शरीर के पास खुद को सुधारने और आराम देने का पूरा एक तंत्र है और वह आपसे पूछे बिना ही उसका उपयोग करता है। परेशानी तब पैदा होती है, जब आप उसकी कार्यवाही में अपनी अज्ञानता के कारण या अनजाने में ही अड़चन डालते हैं।

# एस्कीमिया (Ischemia)

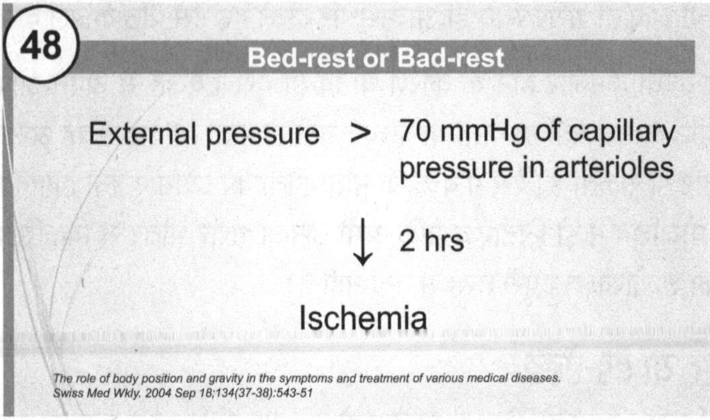


अब आप दिए गए स्लाइड (48) को गौर से देखें इसमें दिखाया गया है कि हमारे शरीर का बाहरी दबाव यानी एटमॉस्फेरिक प्रेशर अंदर के दबाव से अगर 70 एमएमएचजी तक बढ़ जाए तो दो ही घंटों के भीतर हम एस्कीमिया (Ischemia) का शिकार हो सकते हैं।

इस वायुमंडलीय दबाव की इस मात्रा को समझने के लिए आप एक गुब्बारा लें और उसे थोड़ा फुला लें। जब आप उसकी हवा बाहर निकालते हैं तो उस समय उसमें जो हवा बाहर आई, वह लगभग 50 एमएमएचजी के बराबर होगी।

अगर शरीर के किसी अंग पर लगातार दो घंटों तक इसी तरह बाहर के वायुमंडल का अतिरिक्त दबाव पड़ता है तो वह अंग एस्कीमिया से ग्रस्त होगा। रक्त के प्रवाह में बाधा आ जाएगी। उसकी कोशिकाओं को ऑक्सीजन नहीं मिलेगी और वे मरने लगेंगी। उसे ही बैडसोर (Bedsore) कहा जाता है।

पहले जब कोई व्यक्ति रोगी होता था तो उसे चिकित्सा देने के बाद सलाह दी जाती थी कि उसे बिना हिले-डुले अपने रोग की स्थिति के आधार पर बेड रेस्ट करना होगा परंतु अब यह सोच बदल गई है। ज्यों ही रोगी को थोड़ा-सा भी आराम आता है तो उसे कहा जाता है कि वह थोड़ा-बहुत चलने-फिरने लगे ताकि उसका बेड-रेस्ट, बैड-रेस्ट में न बदल जाए।

आपको रोग के दौरान भी बिस्तर पर कम से कम लेटना है। शरीर को उसके आराम और सुविधा के अनुसार स्वयं में सुधार लाने की प्रक्रिया में बाधा नहीं देनी वरना बाहरी दबाव ज्यादा होने से एस्कीमिया हो सकता है।

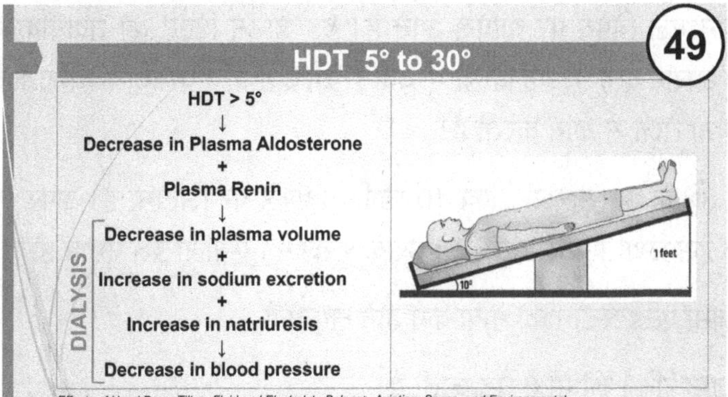


*Effects of Head Down Tilt on Fluid and Electrolyte Balance. Aviation, Space, and Environmental Medicine Oct-1976*

## हैड डाउन टिल्ट (Head down tilt, HDT)

आपको याद होगा, हमने आपको पिछले भाग में हैड डाउन टिल्ट तकनीक की जानकारी दी थी। इसके अनुसार हमें रोगी को उसके सिर को लगभग 6 डिग्री तक नीचे की ओर झुकाते हुए लिटाना है।

इस तकनीक के साथ एक मज़ेदार-सी बात जुड़ी है जो आपके साथ साझा करना चाहूँगा। यदि आप किसी स्वस्थ व्यक्ति को भी स्लाइड (49) में दिखाई गई पोजीशन के अनुसार दो घंटे तक लिटा देंगे तो उसकी लंबाई 1 से.मी. से 1 इंच तक बढ़ सकती है।

आप स्वयं यह प्रयोग अपने घर में करके देख सकते हैं। बाहर से 5-6 ईंटें ला कर अपने पलंग के एक ओर रखें ताकि वह एक ओर से नीचा हो जाए। फिर उस पर कम से कम दो घंटों तक लेटें। यह जरूरी नहीं कि आपका पोस्चर दिए गए स्लाइड (49) के अनुसार ही हो, आप अपना पोस्चर बदल भी सकते हैं।

फिर दो घंटे बाद अपनी लंबाई की जांच करें। यह आपको 1 से.मी. से 1 इंच तक बढ़ी हुई मिलेगी। अगर रिश्ता करवाने के लिए आपकी कम लंबाई आड़े आ रही हो तो यह

तकनीक आपके काम आ सकती है। अपनी बढ़ी हुई लंबाई के इस जादू का इस्तेमाल कर लीजिए। और हाँ, इसके साथ ही आपको यह भी बता दें कि कुछ समय बाद आपकी लंबाई सामान्य हो जाएगी।

अब अपने मूल विषय पर वापिस आते हैं। हैड डाउन टिल्ट की तकनीक रोगी को तत्काल आराम देती है। यह किसी भी दर्दनिरोधी दवा या अवसादनिरोधी दवा के असर से कई गुना तेज़ी से काम करती है।

स्लाइड ⑲ के अनुसार रोगी को 10 डिग्री के एंगल पर लिटाना है। अगर आप उसे घंटे तक इस स्थिति में लिटाते हैं तो उसके शरीर में निम्नलिखित प्रभाव होने लगते हैं:

**1.** प्लाज़मा एल्डरस्टोन की मात्रा कम होने लगती है

**2.** प्लाज़मा रेनिन की मात्रा घट जाती है।

**3.** प्लाज़मा की मात्रा कम हो जाती है

**4.** सोडियम उत्सर्जन में बढ़ोतरी होती है

**5.** नैटीयूरेसिस में बढ़ोतरी होती है।

**6.** ब्लड प्रेशर कम हो जाता है।

अगर आप ऊपर दिये गए 3 से 6 तक के पॉइंट्स पर ध्यान दें तो आप समझ सकते हैं कि जब किसी रोगी का डायलसिस किया जाता है तो उसके शरीर से ये अतिरिक्त पदार्थ ही तो बाहर निकाले जाते हैं। उस डायलसिस के लिए रोगी को अस्पताल में जाना पड़ता है। डायलसिस मशीन की मदद लेनी पड़ती है। हम इन बातों को विस्तार से भाग एक में जान चुके हैं।

अगर सरल शब्दों में कहें तो शरीर में अतिरिक्त व्यर्थ पदार्थों की मात्रा कम होने लगती है। मूत्र विसर्जन की मात्रा बढ़ती है। सोडियम, यूरिया, पोटाशियम आदि की अतिरिक्त मात्रा शरीर से बाहर आ जाती है।

यहाँ हम अपने इस उपचार की विस्तार से चर्चा करेंगे। इस घरेलू डायलसिस को करने के लिए रोगी के पलंग के नीचे एक ओर कुछ ईटें लगानी हैं। उसे सुबह-शाम, एक-एक घंटे के लिए हैड डाउन टिल्ट पोजीशन में लिटाना है। इस तरह डायलसिस से होने वाले सभी लाभ मिलने लगेंगे। मूत्र का प्रवाह बढ़ेगा जो पहले ही दिन 50 एमएल तक आ जाएगा और आने वाले पाँच दिन के अंदर रोगी की अवस्था सामान्य होने लगेगी।

हमारी इस डायलसिस मशीन का प्रयोग करने के साथ रोगी को उचित डाइट भी दी जाती है जो उसे दीर्घकालीन रूप से रोग से छुटकारा दिलाती है। इस मशीन की सबसे बड़ी ख़ूबी यही है कि आपको ईंटों के सिवा कुछ नहीं चाहिए। अकसर किडनी के रोगियों का बढ़ा हुआ रक्तचाप दवाओं से भी कम नहीं हो पाता परंतु इस पोजीशन में लेटने से, पहले ही दिन से ब्लडप्रेशर कम होने लगता है। तो ऐसे में हम अपनी इस तकनीक को दुनिया की सबसे तेज़ी से असर दिखाने वाली और दुष्प्रभावों से रहित तकनीक क्यों न कहें?

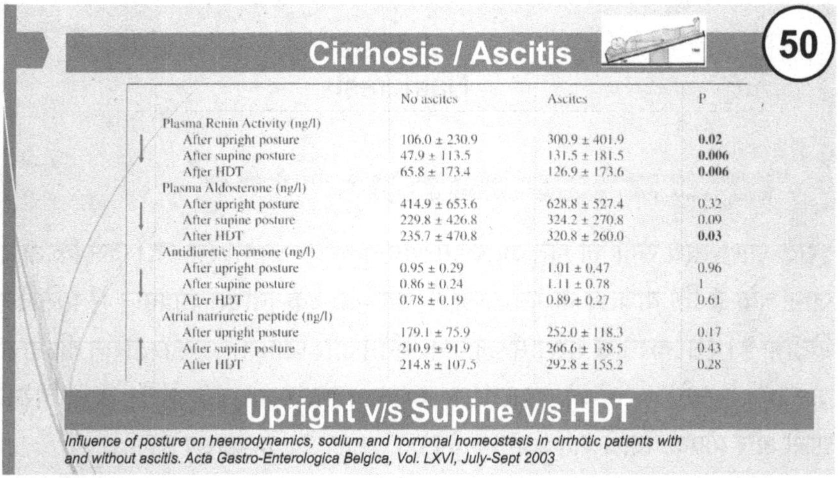


| | No ascites | Ascites | P |
|---|---|---|---|
| Plasma Renin Activity (ng/l) | | | |
| After upright posture | 106.0 ± 230.9 | 300.9 ± 401.9 | **0.02** |
| After supine posture | 47.9 ± 113.5 | 131.5 ± 181.5 | **0.006** |
| After HDT | 65.8 ± 173.4 | 126.9 ± 173.6 | **0.006** |
| Plasma Aldosterone (ng/l) | | | |
| After upright posture | 414.9 ± 653.6 | 628.8 ± 527.4 | 0.32 |
| After supine posture | 229.8 ± 426.8 | 324.2 ± 270.8 | 0.09 |
| After HDT | 235.7 ± 470.8 | 320.8 ± 260.0 | **0.03** |
| Antidiuretic hormone (ng/l) | | | |
| After upright posture | 0.95 ± 0.29 | 1.01 ± 0.47 | 0.96 |
| After supine posture | 0.86 ± 0.24 | 1.11 ± 0.78 | 1 |
| After HDT | 0.78 ± 0.19 | 0.89 ± 0.27 | 0.61 |
| Atrial natriuretic peptide (ng/l) | | | |
| After upright posture | 179.1 ± 75.9 | 252.0 ± 118.3 | 0.17 |
| After supine posture | 210.9 ± 91.9 | 266.6 ± 138.5 | 0.43 |
| After HDT | 214.8 ± 107.5 | 292.8 ± 155.2 | 0.28 |

Upright v/s Supine v/s HDT

*Influence of posture on haemodynamics, sodium and hormonal homeostasis in cirrhotic patients with and without ascitis. Acta Gastro-Enterologica Belgica, Vol. LXVI, July-Sept 2003*

# सिरोसिस

अब हम सिरोसिस या लीवर फेलियर के रोगियों की बात करेंगे। लीवर सिरोसिस का अर्थ है कि रोगी का लीवर सही तरह से काम नहीं कर रहा। ऐसे में पेट में पानी भरने लगता है। अगर लीवर फेलियर के रोगी को भी हैड डाउन टिल्ट पोजीशन में लिटाएँ तो

उसे तत्काल आराम पहुँचाया जा सकता है। स्लाइड 51 में दिखाई गई रिपोर्ट देख कर आप अनुमान लगा सकते हैं।

जब भी सिरोसिस रोगी इस पोजीशन में लेटता है तो उसके शरीर में कुछ हारमोन बनने कम होने लगते हैं। शरीर में अतिरिक्त पानी और सोडियम आदि पोषक पदार्थों की मात्रा बाहर निकलने लगती है। बस हैड डाउन टिल्ट की पोजीशन को प्रयुक्त करना होगा।

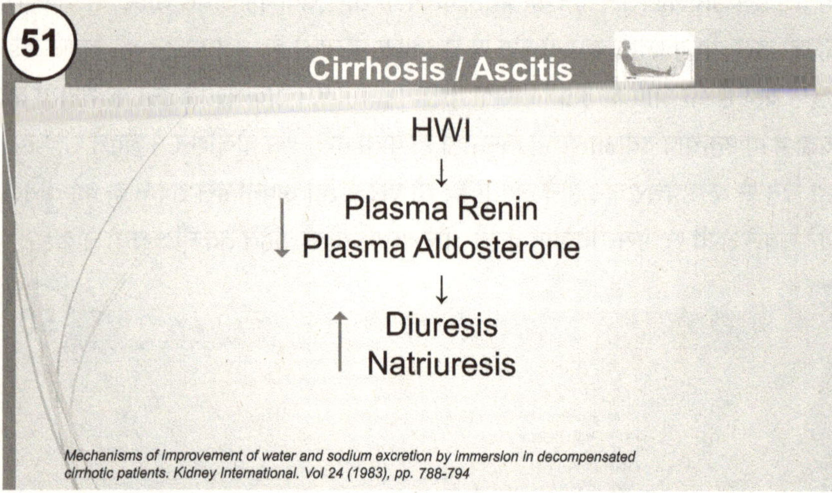


इसके साथ-साथ रोगी को हॉट वाटर इमरशन तकनीक का भी लाभ दें। जैसे कि आप जान चुके हैं कि बाथटब के गर्म पानी में रोगी को एक निश्चित तापमान में प्रतिदिन बिठाना है। ऐसा करने से शरीर में प्लाजमा रेनिन और प्लाजमा एल्डोस्टीरॉन की मात्रा कम होने लगेगी। शरीर को डायलसिस का लाभ मिलेगा। उसके शरीर से अतिरिक्त पानी और पोषक पदार्थ बाहर आने लगेंगे जो उसके रोग का कारण हैं।

## हाइड्रोस्टेटिक काउंटर प्रेशर

हॉट वाटर इमरशन देने का अर्थ है कि रोगी को बाहर से गर्म पानी के प्रेशर का दबाव यानी हाइड्रोस्टेटिक काउंटर प्रेशर दिया जा रहा है। इसके साथ ही शरीर के अंदर होने वाले रक्त प्रवाह के दबाव को इस्तेमाल किया जा रहा है। जब रोगी को हैड डाउन टिल्ट

अवस्था में लिटाते हैं तो पैर ऊँचे होने से रक्त का प्रवाह हार्ट के पास आ जाता है और हाइड्रोस्टेटिक काउंटर प्रेशर अपना काम करता है।

इस तरह आपने देखा कि हम किस तरह ग्रेवीटेशनल पुल या काउंटर प्रेशर को अपना हथियार बना कर अपने लिए प्रयुक्त कर सकते हैं। शरीर की कुछ प्रक्रियाओं को नये सिरे से सक्रिय कर सकते हैं।

## इंटरमीडिएट मैकेनिज्म (intermediate Mechanism)

अब हम बात करेंगे कि इंटरमीडिएट मैकेनिज़्म क्या है? अगर आप किसी डाइबिटीज के रोगी को एक घंटे के लिए हॉट वाटर इमरशन का उपचार देंगे तो क्या होगा। स्लाइड (52) को ध्यान से देखें:

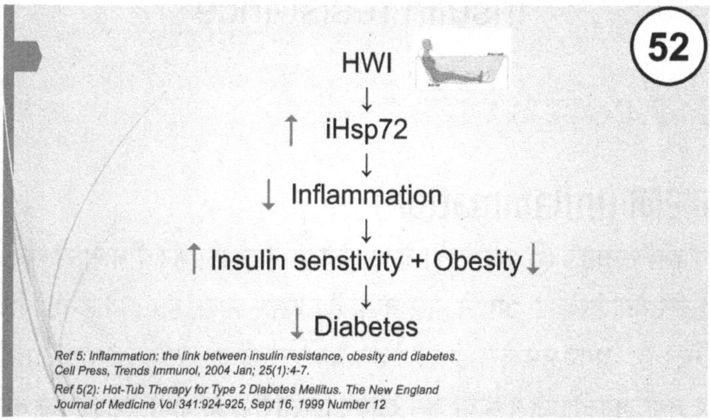


सबसे पहले शरीर में हीट शॉक प्रोटीन बढ़ेगा। जो शरीर को गर्म पानी में रखने के कारण मिल रहा है।

- इसके बाद शरीर में इंफ्लामेशन (Inflammation) कम होने लगेगा।
- जब इंफ्लामेशन कम होगा तो इंसुलिन सेंसिटीविटी प्रभावित होगी और मोटापा घटेगा। शरीर की अतिरिक्त वसा घटने लगेगी।
- फिर डाइबिटीज के रोग में सुधार आएगा। शुगर का स्तर 50 एमजी से 25 एमजी/डीएल तक आते-आते स्थिर होने लगेगा।

हमने आपको दिखाया कि इस तकनीक द्वारा उपचार करने से कैसे लाभ हो सकता है। अब यह देखिए कि इंटरमीडिएट बदलाव कैसे आएगा। जब शरीर में इंफ्लामेशन कम होगा तो सेहत अच्छी होने लगेगी। वह इसलिए कि इस दौरान हमारे शरीर में हीट शॉक प्रोटीन की मात्रा अधिक हुई है।

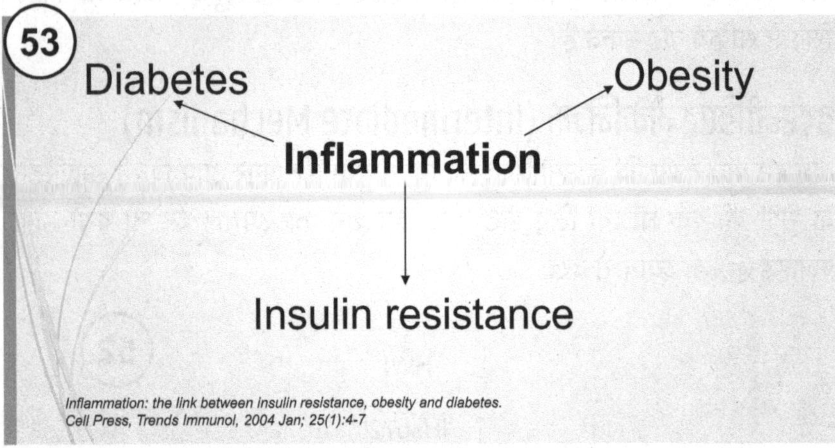


## इंफ्लामेशन (Inflammation)

अब आप इस स्लाइड (53) को देखें। दरअसल इंफ्लामेशन हर बीमारी से संबंध रखता है। यह शरीर के किसी भी अंग में हो सकता है जिसमें लंग्स, हार्ट, किडनी, लीवर आदि अंग शामिल हैं। अगर हम इस इंफ्लामेशन का इलाज कर सकें तो रोग को ठीक होने में भी देर नहीं लगती। जैसे अगर हम लीवर सिरोसिस के रोगी का इलाज कर रहे हैं। अगर उसे डाइबिटीज भी होगी तो लीवर की चिकित्सा के दौरान इंफ्लामेशन कम होने से उसकी डाइबिटीज का भी उपचार हो जाएगा। सभी रोगों की चिकित्सा यही है कि उनका इंफ्लामेशन घटना चाहिए। जब इंफ्लामेशन को घटाया जाता है तो यह किसी एक अंग से नहीं बल्कि पूरे शरीर से कम होता है और इस तरह अन्य अंगों को भी इसका लाभ मिलता है। इससे शरीर को संपूर्ण स्वास्थ्य मिलता है।

जिस तरह अन्य कई दवाओं और उपचारों के साथ उनके दुष्प्रभाव या साइड इफेक्ट्स जुड़े होते हैं। उसी तरह हम अपनी तकनीक के लिए कहते हैं कि ये इसके साइड

बेनिफिट हैं यानी आप किसी एक रोग की चिकित्सा का उपाय कर रहे हैं और आपका दूसरा रोग भी स्वयं ही ठीक हो रहा है।

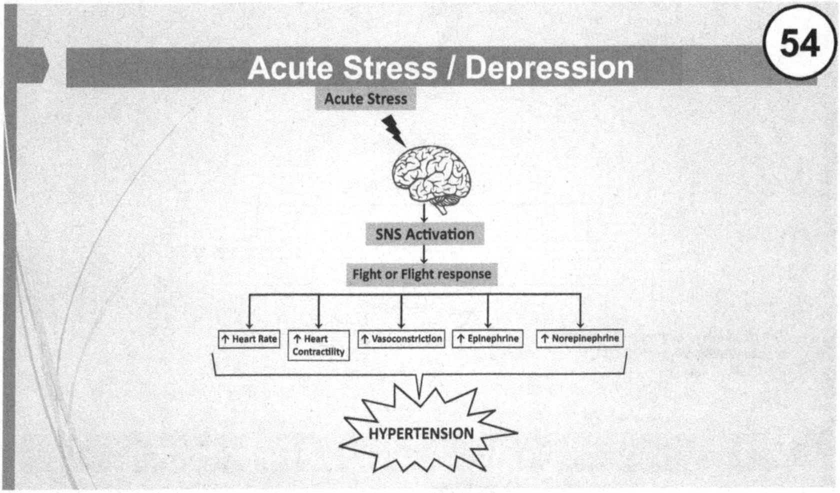


## एक्यूट तनाव और डिप्रेशन

अभी तक हम शारीरिक रोगों की बात कर रहे थे, अगर दीर्घकालीन तनाव और अवसाद की चर्चा करें तो:

- हमारे शरीर में कुछ हारमोनल बदलाव आते हैं।
- इस दौरान रक्त नलिकाओं का संकुचन बढ़ता है।
- हृदय गति तेज़ होने लगती है
- और शरीर का रक्तचाप भी बढ़ जाता है।

जब इंफ्लामेशन बढ़ने लगता है तो तनाव अधिक होने लगता है।

अब आप इस स्लाइड (54) में भी इंटरमीडिएट फैक्टर को देख सकते हैं। स्लाइड (54) में दिखाया गया है कि तनाव का स्तर अधिक होता है तो सेहत खराब होने लगती है। जब हम तनाव को कम करते जाते हैं तो सेहत सुधरने लगती है।

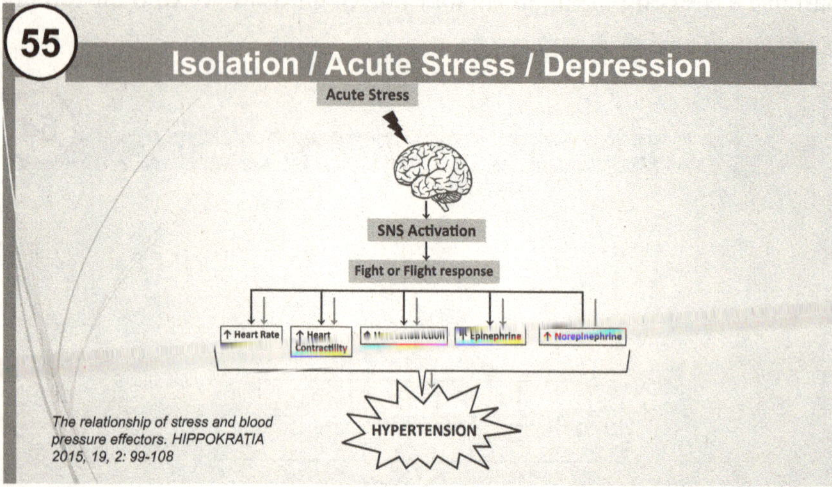


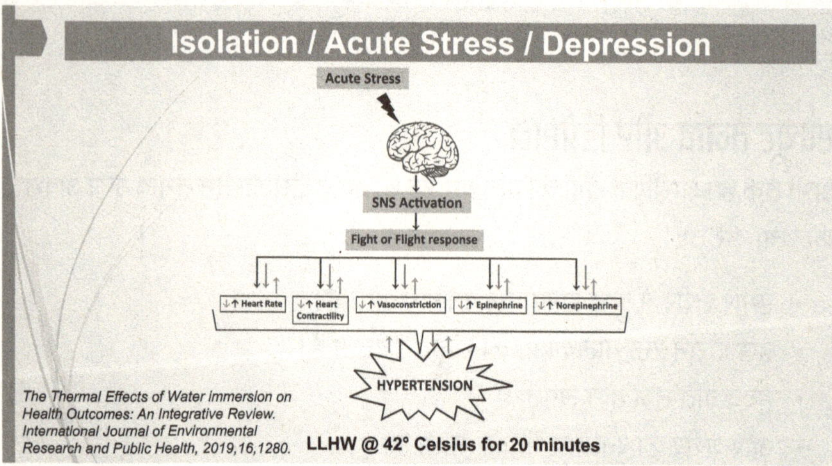


## आइसोलेशन / एक्यूट तनाव / डिप्रेशन

अभी कुछ ही समय पूर्व आपने एक शब्द बार-बार मीडिया के अनेक माध्यमों से सुना होगा। आइसोलेशन या क्वारन्टाइन यानी किसी व्यक्ति को रोग के लक्षणों का संदेह होते ही अकेला कर देना। उसे एक कमरे में अकेला कर दिया जाए, उसके पास कोई आ-जा नहीं सकता। किसी व्यक्ति को अगर सबसे इस तरह अलग कर दिया जाए तो

यह अपने-आप में ही तनाव का कारण बनता है। ऐसा व्यक्ति स्वस्थ होने पर भी बीमार पड़ जाता है। उसकी रोग प्रतिरोधक क्षमता घटने लगती है। अगर उसे कोई रोग नहीं भी होता तो तनाव और अवसाद ही शारीरिक रोगों का कारण बन कर बीमार कर देते हैं और कई बार तो व्यक्ति की मृत्यु तक हो सकती है।

यहाँ अगर हम इंटरमीडिएट फैक्टर की बात करें तो जब कुछ तनाव लाने वाले हारमोन बढ़ रहे हों तो उन्हें कम करना होगा। हमें उन रक्त नलिकाओं के संकुचन को खोलना है। हार्ट रेट को कम करना है और वे केमिकल्स का बनना भी कम करना हैं।

## तनावरोधक एलएलएचडब्लू (lower leg hot water–LLHW) इमरशन

अब आप पूछेंगे कि इसे कैसे किया जा सकता है?

इसका उत्तर है, हमें तनाव या अवसाद के रोगी को गर्म पानी से भरी बाल्टी में टाँगों का निचला हिस्सा डुबो कर, बीस मिनट तक बैठने को कहना है जिसका तापमान 42 डिग्री सेल्सियस होना चाहिए। इसे हम एलएलएचडब्लू (lower leg hot water–LLHW) कहते हैं।

जब हम बीस मिनट तक पैरों को उस निश्चित तापमान पर गर्म पानी में डुबो कर बैठते हैं तो शरीर में तनाव पैदा करने वाले केमिकल घटेंगे, हार्ट रेट घटेगा, तनाव कम होने लगेगा और व्यक्ति के भीतर अपने तनाव से लड़ने की हिम्मत आ जाएगी। यहाँ ख़ास बात यह है कि हम यह काम शरीर में विपरीत दिशा में चिकित्सा देते हुए कर रहे हैं। पैरों को पानी में डुबोने से दिमागी परेशानी कम हो रही है।

दरअसल रोज़मर्रा के जीवन में तनाव या डिप्रेशन का होना आम बात है इसलिए किसी भी तरह की दवा या उपचार के बजाए सबसे पहले टाँगों को गर्म पानी में रखने वाली तकनीक का प्रयोग करके देखें। आप कुछ ही देर में बेहतर महसूस करेंगे। बेहतर महसूस करने की वजह यह होगी कि शरीर की रक्त नलिकाएँ खुलेंगी और पूरे शरीर को राहत मिलनी आरंभ हो जाएगी। इस तरह मानसिक तनाव और अवसाद से बचा जा सकता है।

इस दौरान इंटरमीडिएट पाथ क्या है? हमारा शरीर हाईड्रोस्टेटिक प्रेशर के प्रभाव से अपने-आप में सुधार ला रहा है। शरीर के निचले हिस्से को हीट मिल रही है और जिसका असर सिर और मस्तिष्क तक जा रहा है। इतना ही नहीं, गर्म पानी में पैर रखने के बाद दिमाग इतना शांत हो जाता है कि नींद भी अच्छी और गहरी आती है।

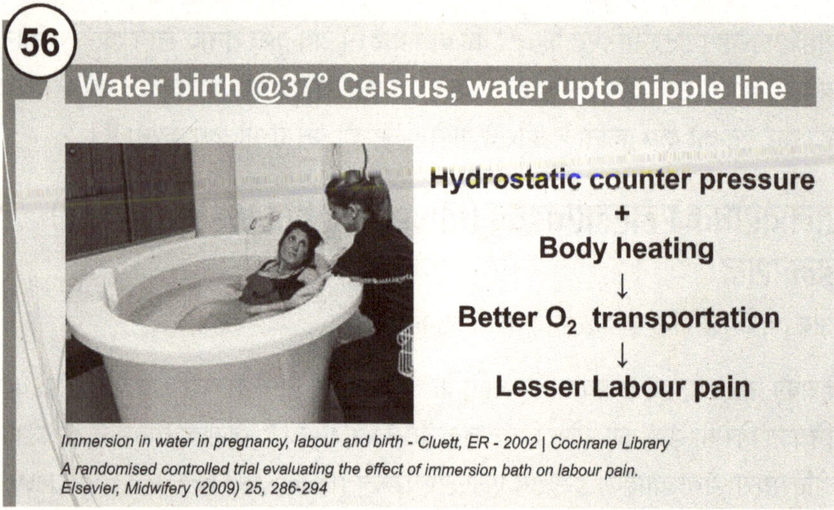


## दर्दरहित प्रसव

अभी हमने मानसिक तनाव और अवसाद की बात की, अब हम चर्चा करेंगे कि शारीरिक पीड़ा में यह पोस्च्युरल मेडिसिन कैसे राहत दे सकती है। जब कोई गर्भवती स्त्री प्रसव वेदना के बीच होती है तो कई बार अलग-अलग कारणों से वह प्रसव पीड़ा को सहन नहीं कर पाती। ऐसे में डॉक्टर सबसे पहले उसे एपीड्यूरल देने के बारे में सोचते हैं। वह दर्दरोधी इंजेक्शन नस में देते ही शरीर से पीड़ा का एहसास चला जाता है और गर्भवती स्त्री का प्रसव आसानी से हो जाता है परंतु कई बार जिस नस में इंजेक्शन दिया जाता है, वह उस इंजेक्शन के प्रभाव से मुक्त नहीं हो पाती और कई बार पक्षाघात तक हो सकता है।

जहाँ तक संभव हो सके, गर्भवती स्त्री को प्रसव वेदना के दौरान एपीड्यूरल के लिए हामी नहीं देनी चाहिए। यदि वह अपनी प्रसव की पीड़ा से मुक्त होना चाहे तो एक बाथ

टब में 37 डिग्री तापमान पर गर्म पानी में बैठ कर प्रसव करवा सकती है। उसका शरीर निप्पल लाइन तक पानी के अंदर होना चाहिए। इस तरह दर्द कम होगा और यह एक पूरी तरह से प्राकृतिक दर्दरोधी उपाय है जिसका कोई दुष्प्रभाव नहीं होगा। गर्म पानी में बैठने से शरीर में इतनी हिम्मत आएगी कि वह बचे हुए दर्द को भी आसानी से झेल सके। दिए गए स्लाइड (56) में देख सकते हैं कि प्रसव पीड़ा को दूर करने के लिए हाइड्रोस्टेटिक कांउटर प्रेशर और शरीर की हीटिंग का किस तरह प्रयोग किया गया है।

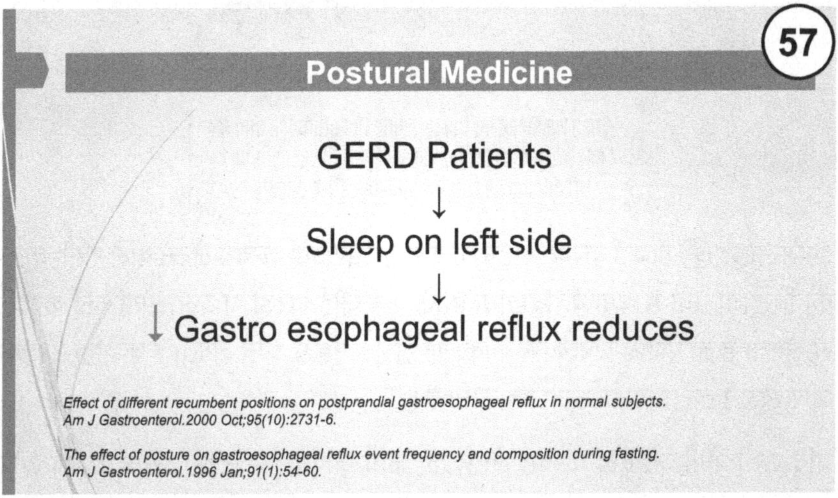


# पोस्च्युरल मेडिसिन

## जीईआरडी (Gastroesophageal reflux disease–GERD)

यही दवा जीईआरडी के रोगियों के लिए भी कारगर हो सकती है। बहुत से लोग पेट की एसिडिटी के कारण परेशान होते हैं। पोस्च्युरल मेडिसिन उन्हें तत्काल लाभ पहुँचा सकती है। ऐसे रोगियों को बाईं करवट लेटना चाहिए। यदि वे बाईं करवट लेटते हैं तो इससे एसिडिटी से तुरंत आराम आता है।

ऐसा क्यों होता है, इसे आप अगले स्लाइड (58) को देख कर समझ सकते हैं।

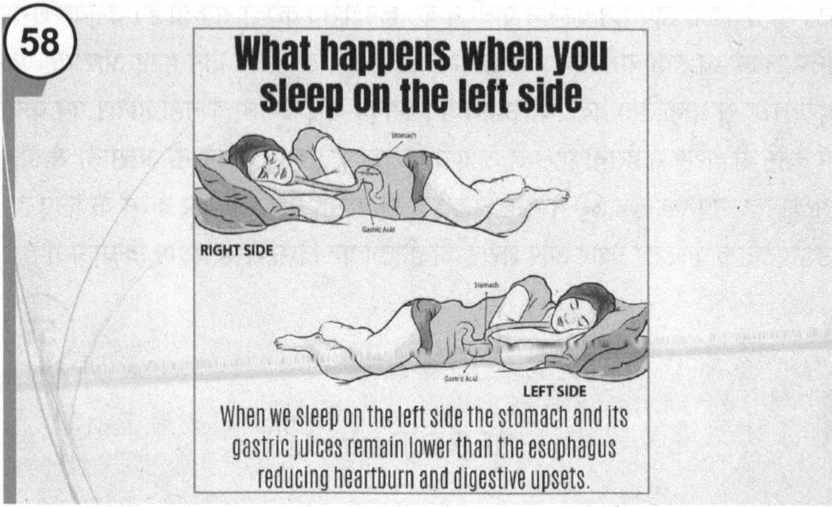


इस स्लाइड (58) में बाईं करवट लेटने वाले रोगी और दाईं करवट लेटने वाले रोगी, दोनों को दिखाया गया है। यह बताया गया है कि जब जीईआरडी से ग्रस्त रोगी दाईं करवट से लेटता है तो एसिड रिफ्लक्स के कारण एसिड मुँह में आने लगता है क्योंकि मुँह की ओर खुलने वाला वाल्व खुला रह जाता है।

यदि उसी रोगी को बाईं करवट लेटने को कहा जाए तो गैस्ट्रिक जूस नीचे की ओर आ जाता हैं जिससे छाती की जलन घटती है और पाचन की समस्या से भी राहत मिलती है।

ये जीईआरडी के रोगी के लिए तत्काल मिलने वाला अस्थायी उपचार है। यदि आप चाहते हैं कि वह सारी रात आराम से सो सके और उसे एसिड रिफ्लक्स न हो तो ऐसे में उसे तीन तकिए सिर के नीचे लगा कर सोने को कहें। उसके पलंग का सिर वाला हिस्सा 3 डिग्री तक ऊँचा होना चाहिए, जिसे सिर वाली साइड पलंग के नीचे ईटें लगा कर भी ऊँचा कर सकते हैं।

इस रोग का स्थायी इलाज क्या हो सकता है, इसके बारे में हम आगे विस्तार से चर्चा करेंगे।

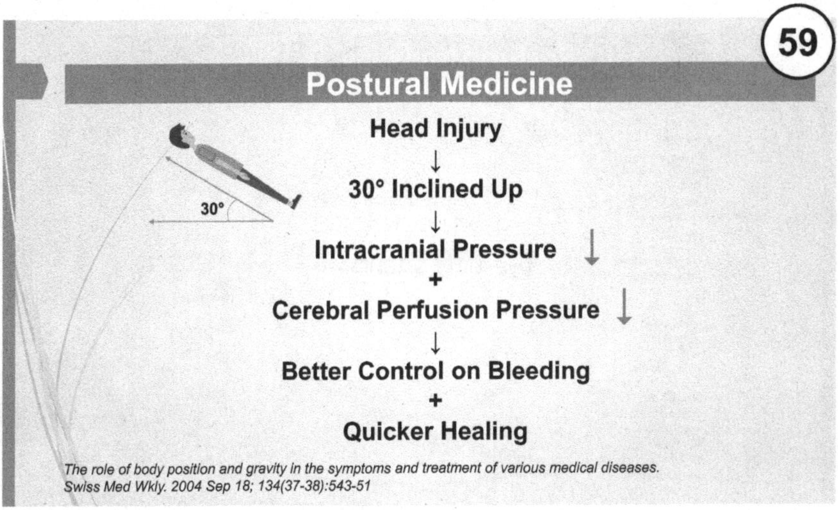


## सिर की चोट में तत्काल राहत

जब हम एमर्जेंसी राहत की बात कर रहे हों तो ऐसे में सिर में चोट लगने पर भी पोस्च्युरल मेडिसिन से आराम दिलाया जा सकता है। अगर किसी व्यक्ति के सिर में चोट आई और उससे रक्त बह रहा है तो सबसे पहले उस रक्तस्राव को रोकना आवश्यक होता है। इसके लिए आवश्यक है कि उसके सिर को तीस डिग्री पर ऊपर की ओर कर दिया जाए। ऐसा करने से सिर पर पड़ने वाला दबाव कम होगा और रक्तस्राव घटने लगेगा और उसे जल्दी ठीक होने में मदद मिलेगी।

इसके लिए हमें किसी तरह के उपकरण या औजार आदि की आवश्यकता नहीं है। केवल हमें इतना याद रहे कि एमर्जेंसी के समय किस रोगी को कितने डिग्री के कोण पर लिटाना अथवा बिठाना है। इससे ही हम उसे एमर्जेंसी उपचार और राहत दे सकेंगे।

60

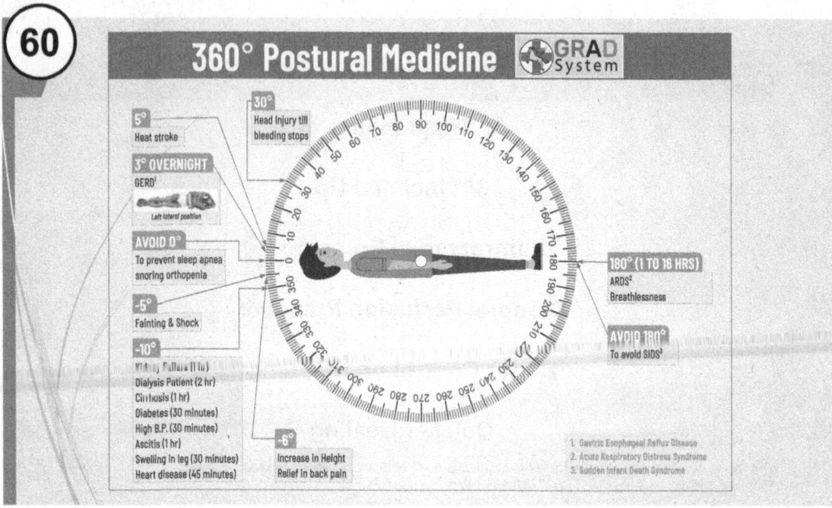


## 360 डिग्री पोस्च्युरल मेडिसिन

इस स्लाइड (60) को देखने से आप अब तक सीखी गई बातों को संक्षिप्त रूप से दोबारा समझ सकते हैं। जैसे अगर किसी को खर्राटे आने की बीमारी है तो उसे जीरो डिग्री पर यानी पेट के बल नहीं लेटना चाहिए।

अगर किसी के सिर में चोट है तो रक्तस्राव बंद होने तक उसे 30 डिग्री तक सिर ऊँचा करके लिटाना होगा।

किसी को बेहोशी आ गई है या किसी को शॉक लगा है तो उसे (-5) डिग्री पर लिटाना होगा। माइनस यानी हेड डाउन टिल्ट पोजीशन।

किडनी/लीवर/सिरोसिस आदि के रोगियों को (-10) डिग्री पर लिटाना होगा। इसके साथ ही स्लाइड (60) में यह भी बता दिया गया है कि किस रोगी को कितने डिग्री के कोण पर कितनी देर और किस अवधि तक लिटाना है।

जीईआरडी के रोगी को 3 डिग्री के कोण पर लिटाना है।

पीठ दर्द से आराम व लंबाई बढ़ाने के लिए (-6) डिग्री के कोण पर लिटाना उचित होगा।।

अगर साँस लेने में कठिनाई हो रही हो तो 180 डिग्री के एंगल पर लिटाना है यानी प्रोन पोजीशन में लिटाना है। एक वर्ष से कम आयु के बच्चों को पेट के बल नहीं लिटाना। उनके लिए सुपाइन पोजीशन ही उचित है। कई बार भय लगने के कारण भी साँस लेने में परेशानी होती है जैसे हमने कोरोना के समय में देखा। टी.वी. पर रोग से जुड़े समाचार देख कर लोग इतना डरे हुए थे कि कई लोगों को इसी वजह से सांस लेने में परेशानी होने लगी।

इन सभी उदाहरणों को देखते हुए समझा जा सकता है कि यह ग्रेड सिस्टम सारी मानवता के लिए किसी उपहार से बढ़ कर है।

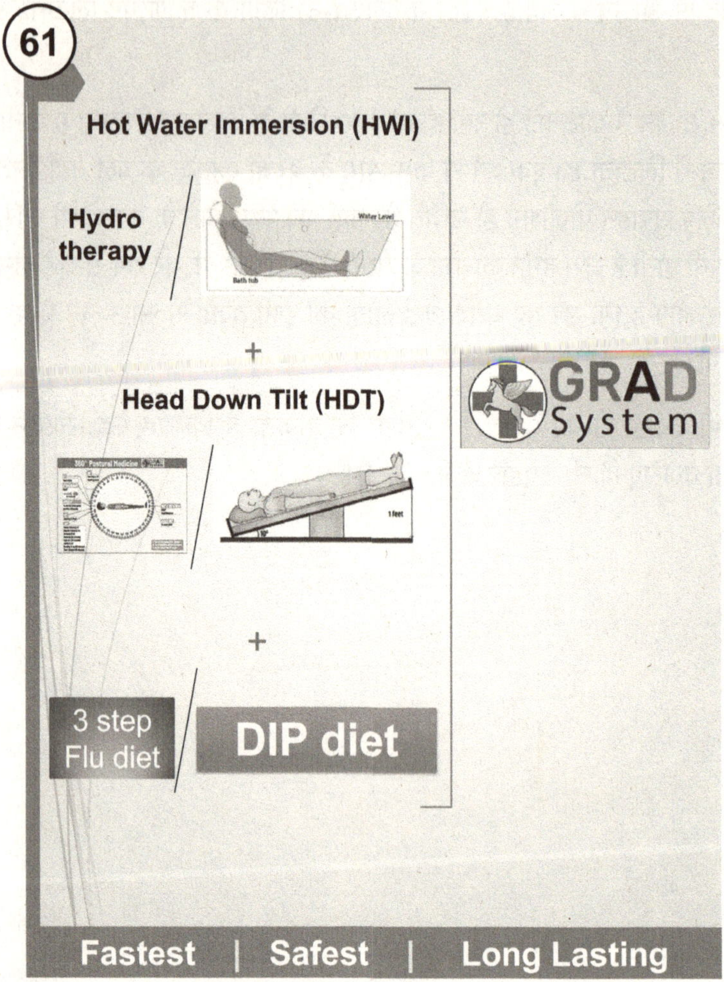


## ग्रेड सिस्टम

- (HWI) हॉट वाटर इमरशन
- (HDT) हैड डाउन टिल्ट
- (3 step flu Diet) थ्री स्टेप फ्लू डाइट
- (DIP Diet) डीआईपी डाइट

अगर आप स्लाइड (61) में दी गई इन सभी थेरेपियों का इस्तेमाल कर सकें तो हर संभव रोगों का जवाब आपको मिलेगा। आपको इन तकनीकों का उचित मेल करना होगा। इस जगह जिन दो डाइट के बारे में बात की गई है, उनके बारे में आप पहले से जानते हैं। ख़ासतौर पर वे लोग, जो हमारे एन.आई.सी.ई. विशेषज्ञ हैं, हमारे फॉलोअर्स या पाठक हैं या हमारे मरीज रह चुके हैं। जो लोग इन डाइट की विस्तृत जानकारी चाहते हैं, वे **'कोविड 19 – षड़यंत्र से समाधान तक'** पुस्तक से इन्हें सीख सकते हैं।

यह पुस्तक ऑनलाइन प्लेटफॉर्मों पर उपलब्ध है। यदि आप इसे निःशुल्क पढ़ना चाहें तो हमारी वेबसाइट www.biswaroop.com पर फ्री डाउनलोड कर सकते हैं।

इस प्रकार ये ग्रेड सिस्टम बहुत ही तेज़ी से असर दिखाने वाला, सुरक्षित और लंबे समय तक रोगी को निरोगी बनाए रखने वाला तंत्र है। जिसे आप बिना किसी खर्च के, बिना किसी की निर्भरता और दुष्प्रभावों के, आसानी से अपना सकते हैं और दूसरों को भी इसके बारे में जानकारी दे कर लाभ पहुँचा सकते हैं।

## ग्रेड लेवल की जानकारी

अभी तक हम जिस ग्रेड सिस्टम के बारे में पढ़ते आ रहे थे। पुस्तक के पहले भाग में भी उसके बारे में जानकारी ली और दूसरे भाग में भी इसकी चर्चा हुई। आप अब तक इसके बारे में पूरी तरह जान गए हैं परंतु अब आपको यह सीखना है कि सीखी हुई जानकारी को व्यावहारिक रूप से लागू कैसे किया जा सकता है ताकि आप स्वयं को अथवा अपने रोगी को एमर्जेंसी राहत और रोग से मुक्ति दिलवा सकें।

हमने आपको बताया था कि ग्रेड सिस्टम के नौ लेवल होते हैं। रोगियों को उनके रोग, रोग की अवधि, उनके लक्षणों, ली जाने वाली दवा, दर्द की अवस्था आदि के आधार पर अलग-अलग लेवल से उपचार दिया जाता है। आप जानते हैं कि उपचार देने के लिए कौन-सी थेरपी प्रयोग में लानी हैं परंतु लेवल के अनुसार यह देखा जाएगा कि रोगी को कितनी देर तक सिर नीचा करके लिटाना है या उसे पानी के किस तापमान पर

गर्म पानी में बिठाना है और कितनी देर तक बिठाना है। इसके साथ ही डाइट में रोग के अनुसार कौन से फेर-बदल करने होंगे।

सुविधा की दृष्टि से सभी ग्रेड लेवल स्लाइड में प्रस्तुत किए जा रहे हैं ताकि आप उन्हें एक नज़र देख कर ही अच्छी तरह समझ लें और आपके लिए उसे लागू करना आसान हो जाए।

यहाँ एक और बात की जानकारी देना चाहूँगा कि आपको आरंभ में रोगी को यह थेरेपी देने से पहले देखना होगा कि क्या वह इसे सहन कर सकता है। उसकी सहनशीलता की जांच करनी होगी। यह देखना होगा कि कहीं उसे गर्म पानी में लेटने से असुविधा, बेचैनी, घबराहट या दुर्बलता तो महसूस नहीं होती।

या फिर उसे सिर नीचा करके लेटने में परेशानी तो नहीं है। इनमें से एक थेरेपी सुबह खाली पेट की जा सकती है और दूसरी रात को सोते समय कर सकते है, जब खाना खाए हुए दो घंटे हो चुके हों।

इस तरह एक बार में ही आपको पता चल जाएगा कि रोगी ग्रेड सिस्टम के अनुसार किस तरह प्रतिक्रिया दे रहा है या उसे कैसा अनुभव हो रहा है।

आइए, अब सभी ग्रेड लेवल पर एक-एक कर ध्यान दें:

62

GRAD 1

HDT @ 5° for 30 minutes

\+

HWI @ 38°C for 30 minutes

\+

DIP Diet

## ग्रेड 1

हैड डाउन टिल्ट @5 डिग्री पर 30 मिनट तक

+

हॉट वाटर इमरशन @38 डिग्री सेल्सियस पर 30 मिनट तक

+

डीआईपी डाइट

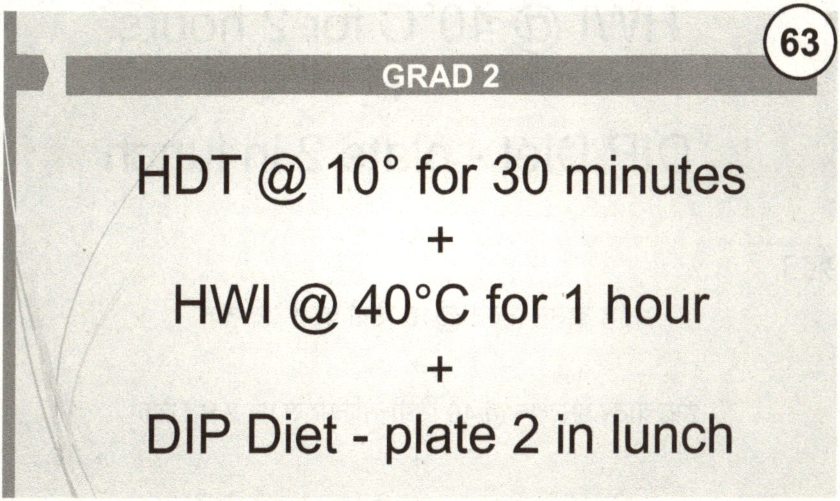


## ग्रेड 2

हैड डाउन टिल्ट @10 डिग्री पर 30 मिनट तक

+

हॉट वाटर इमरशन @40 डिग्री सेल्सियस पर 1 घंटे तक

+

डीआईपी डाइट — लंच में प्लेट 2 नहीं लेनी

यह लेवल उन रोगियों को दिया जा सकता है जो किडनी फेलियर के रोगी हैं परंतु अभी उनका डायलसिस नहीं किया जाता।

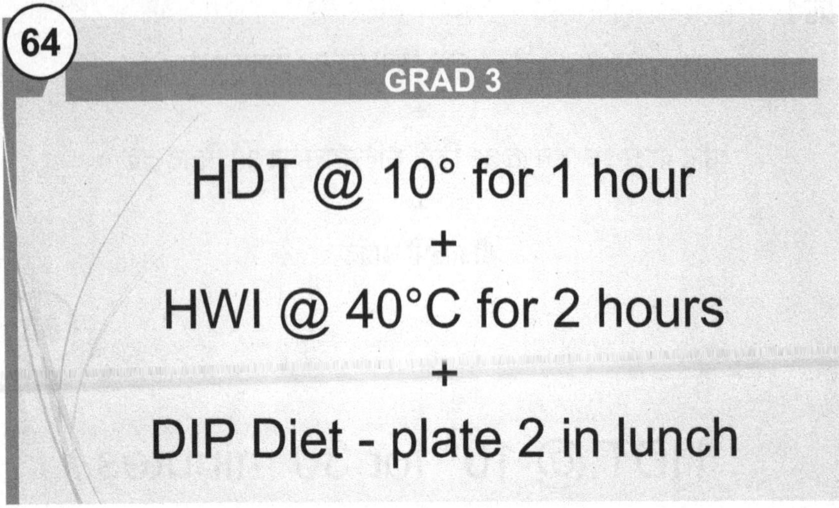


**ग्रेड 3**

हैड डाउन टिल्ट @10 डिग्री पर 1 घंटे तक

+

हॉट वाटर इमरशन @40 डिग्री सेल्सियस पर 2 घंटे तक

+

डीआईपी डाइट — लंच में प्लेट 2 नहीं लेनी

यह लेवल उन रोगियों के लिए है जिनका डायलसिस होता हो। जब प्रतिदिन ये थेरेपी करेंगे तो डायलसिस होना बंद हो जाएगा। इसके अलावा सिरोसिस के रोगियों के लिए भी यही लेवल उचित होगा।

65

**GRAD 3 (Acute)**

HDT @ 10° for 1 hour

+

HWI @ 40°C for 2 to 4 hours

+

DIP Diet - plate 2

## ग्रेड 3 (एक्यूट)

हैड डाउन टिल्ट @10 डिग्री पर 1 घंटे तक

+

हॉट वाटर इमरशन @40 डिग्री सेल्सियस पर 2 से 4 घंटे तक

+

डीआईपी डाइट — लंच में प्लेट 2 नहीं लेनी

यह लेवल एक्यूट किडनी फेलियर वाले रोगियों के लिए है।

66

**Remdesivir**

↓

**Leads to**

**Acute Kidney Failure**

*Remdesivir and Acute Renal Failure: A Potential Safety Signal From Disproportionality Analysis of the WHO Safety Database. CLINICAL PHARMACOLOGY & THERAPEUTICS | VOLUME 109 NUMBER 4 | April 2021*

कई बार हमारे शरीर में दवा के दुष्प्रभावों के कारण रिएक्शन हो जाता है जैसे कोरोना के समय में रेमडिसीविर (Remdesivir) दवा देने से रोगियों को एक्यूट किडनी फेलियर हो रहा था। जब इस रोग से मृत्यु होती तो यही कहा जाता कि वह कोरोना के कारण मर गया। एक या दो दिन तक लेवल 3 एक्यूट थेरेपी देने से ऐसे रोगियों को तत्काल राहत मिलती है।

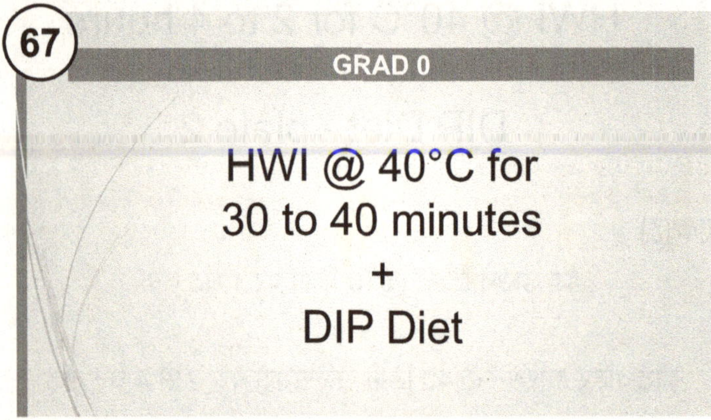


### ग्रेड 0

हॉट वाटर इमरशन @40 डिग्री सेल्सियस पर

30 से 40 मिनट

\+

डीआईपी डाइट

यह लेवल डाइबिटीज रोगियों के लिए है जो इंसुलिन पर नहीं हैं। थकान या कमजोरी महसूस करते हैं। रात को नींद नहीं आती। तनाव या अवसाद से घिरे हुए हैं। कहने का अर्थ है कि अगर शरीर में रोग के हल्के से भी लक्षण होंगे तो तत्काल राहत मिलने लगेगी।

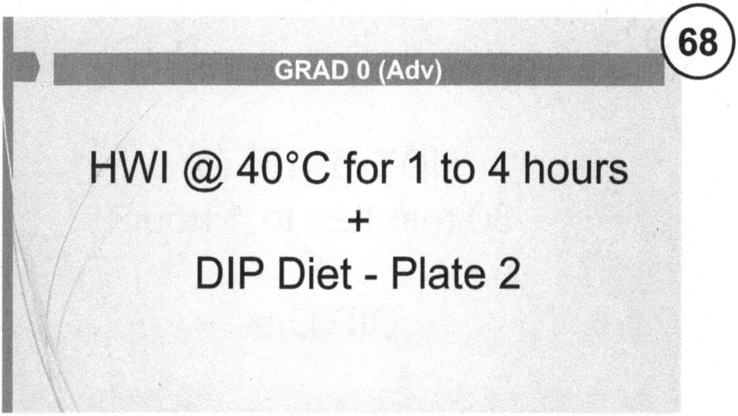


## ग्रेड 0 (एडवांस)

हॉट वाटर इमरशन @40 डिग्री सेल्सियस पर 1 से 4 घंटे तक

+

डीआईपी डाइट — लंच में प्लेट 2 नहीं लेनी

यह लेवल कैंसर रोगियों के लिए है जिन्हें दर्द से राहत देने के लिए दिन में कई-कई बार ऐसे पेनकिलर खाने होते हैं जो उनके रोग से भी कहीं अधिक भयंकर साबित होते हैं। अगर उन्हें दिन में दो बार, दो-दो घंटे तक बाथ टब में, एक निश्चित तापमान पर गर्म पानी में बिठाया जाए तो उन्हें दर्द से राहत मिलने लगती है। पहले बारह घंटे में दी गई थेरेपी का असर ज्यों ही कम होने लगता है तो उसे दोबारा थेरेपी दे दी जाती है। इसके साथ ही रोग के अनुसार डाइट दी जा रही है। फिर धीरे-धीरे कुछ दिन में हॉट वाटर इमरशन को कम करेंगे और केवल डाइट के आधार पर चिकित्सा दी जाएगी।

इस थेरेपी में चुनौती केवल इतनी है कि अगर पानी को 40 डिग्री सेल्सियस पर गर्म रखना है तो पानी उतना ही गर्म होना चाहिए। अगर आपने पानी को कम या अधिक गर्म किया तो मनचाहे परिणाम नहीं मिलेंगे। रोगी के सहायक इस विषय में ध्यान रखते हैं। हालांकि इसके लिए भी कुछ सरल उपाय हैं जिनकी चर्चा हम आगे करेंगे।

## ग्रेड (–1)

हैड डाउन टिल्ट @10 डिग्री पर 30 मिनट से 1 घंटे तक

+

डीआईपी डाइट

यह लेवल ऐसे रोगियों के लिए है जिनका पेट फूल गया है या किडनी के रोगी हैं।

यह लेवल उनके लिए भी सहायक है जिनके पास हॉट वाटर इमरशन के लिए बाथ टब नहीं है। उनके पास उसे रखने के लिए जगह नहीं है या उनके पास बाथ टब खरीदने के पैसे नहीं हैं।

70

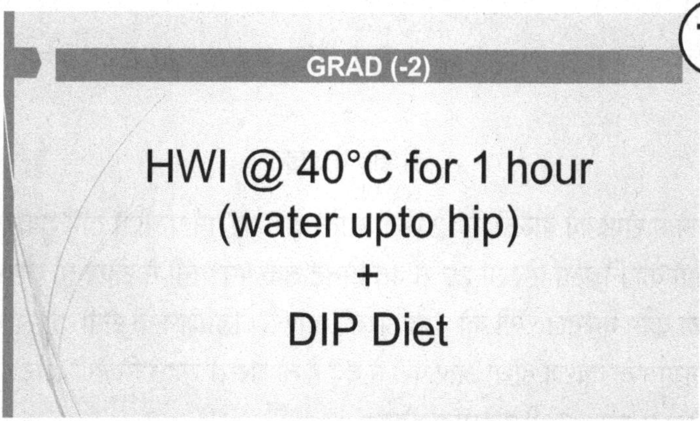


## ग्रेड (−2)

हॉट वाटर इमरशन @40 डिग्री सेल्सियस पर 1 घंटे तक

(पानी केवल नितंबों तक हो)

+

डीआईपी डाइट

यह लेवल उन रोगियों के लिए है जो बवासीर या गुदा रोगों आदि से पीड़ित हैं।

71

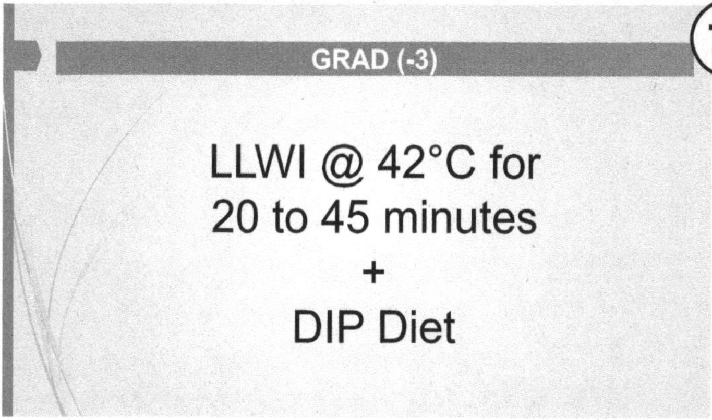

## ग्रेड (−3)

लोअर लैग वाटर इमरशन @42 डिग्री सेल्सियस पर 20 से 45 मिनट तक

+

डीआईपी डाइट

इस लेवल में रोगी को बाल्टी में 42 डिग्री सेल्सियस पर गर्म पानी में टाँगें डुबोने के लिए कहें। टाँगों का निचला हिस्सा 20 से 45 मिनट तक गर्म पानी में रहेगा तो यह स्लीपिंग पिल्स का काम करेगा। रोगी को नींद अच्छी आएगी। डिप्रेशन के रोगी को लाभ होगा। अगर व्यायाम के कारण हाथों और पैरों में दर्द है तो उससे राहत मिलेगी और हाई ब्लड प्रेशर को कम करने में भी सहायक होगा।

72

| GRAD LEVELS | | |
|---|---|---|
| S.NO. | DISEASES | GRAD LEVEL |
| 1 | Kidney Failure (w/o dialysis) | 2 |
| 2 | Dialysis patient | 3 |
| 3 | Fibromyalgia | 0 |
| 4 | Cancer | 0 (Adv) |
| 5 | Diabetes | 0 / 2 |
| 6 | Liver Cirrhosis | 3 |
| 7 | Ascites | 3 |
| 8 | Alzheimer's disease | 0 |
| 9 | Other Memory diseases | 0 |
| 10 | Parkinson's disease | 0 |
| 11 | Spinal Muscular Atrophy | 0 |
| 12 | Motor Neuron disease | 0 (Adv) |
| 13 | Piles | (-2) |
| 14 | Anarectal Disorder | (-2) |
| 15 | Joint Pain | 0 |
| 16 | COPD | 0 / 0 (Adv) |
| 17 | Asthma | 0 / 0 (Adv) |
| 18 | Rheumatoid Arthritis | 0 |
| 19 | Ankylosing Spondylosis | 0 |
| 20 | High B.P. | 0 / (-1)(-3) |
| 21 | Anxiety / fatigue / stress | 0 / (-3) |
| 22 | Weakness | 0 / (-3) |
| 23 | Sleep disorder | 0 / (-3) |
| 24 | Heart Failure | 0 / 0 (Adv) |
| 25 | Orthopnea / Sleep Apnea | 0 |
| 26 | Obesity | 0 / 0 (Adv) |
| 27 | Acute Kidney Failure | 3 (Acute) |

*Effects of passive body heating on body temperature and sleep regulation in the elderly: A systematic review. International Journal of Nursing Studies 39(8):803-10*

*Scientific Evidence Based Effects of Hydrotherapy on Various Systems of the Body. N. Am. J. Med Sci. 2014 May; 6(5):199-209*

## ग्रेड लेवल संक्षिप्त जानकारी सूची

दिए गए स्लाइड (72) में हमने सभी रोगों के आगे उनके लेवल लिख दिए हैं ताकि आपको किसी प्रकार का भ्रम न हो और रोगों और लेवल की जानकारी एक साथ मिल सके।

यहाँ यह बात ध्यान देने योग्य है कि किसी भी रोगी को बड़े लेवल पर सबसे पहले नहीं ले जाना। पहले उसे बुनियादी लेवल दें और जब वह उसे सही तरह से सह ले तो अगले और फिर अगले लेवल तक ले जा कर रोग की चिकित्सा करें।

जैसे किसी रोगी को ग्रेड 3 की चिकित्सा देनी है तो उसे पहले ग्रेड 1 दें, फिर ग्रेड 2 पर ले कर आएँ और फिर तीसरे ग्रेड का उपचार दें।

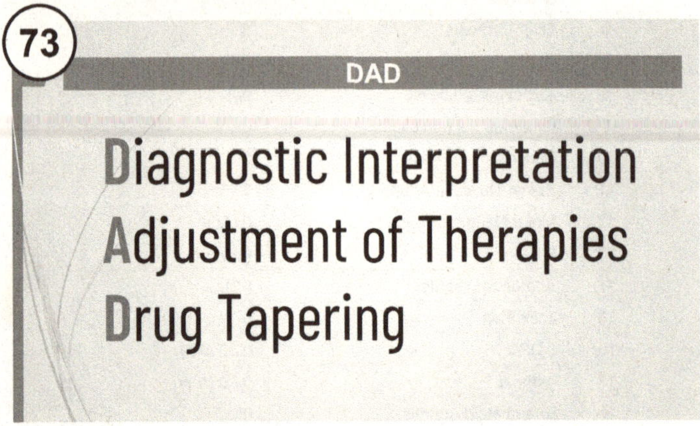


## डैड (DAD)

इन सभी बातों को आपने पढ़ा, जाना और समझा। इस शोध का अनुभव पाने के बाद आपको इसे लागू करना होगा ताकि आप इसके परिणाम पा सकें।

इसके लिए आपको निम्नलिखित तीन बातों को ध्यान में रखना है, जिन्हें हमने संक्षिप्त में 'डैड' का नाम दिया है। यह मॉनीटरिंग का हिस्सा है ताकि आप देख सकें कि रोगी को स्वास्थ्य की ओर कैसे ले जाना है। यह रिपोर्टिंग से जुड़ा है। रोगी की शारीरिक दशा के अनुसार उसे डाइट देना, उसकी थेरपी को उसकी अवस्था के अनुसार बदलना।

**1.** निदान संबंधी व्याख्या (**D**iagnostic Interpretation)

**2.** थेरेपियों की व्यवस्था (**A**djustment of Therapies)

**3.** ड्रग टेपरिंग (**D**rug Tapering)

निदान संबंधी व्याख्या करना यानी किसी रोगी का रोग क्या है, यह उसकी रिपोर्ट आदि देख कर अनुमान लगाया जाता है। इस जगह आपको रोगी से प्रत्यक्ष रूप से बातचीत करनी है। आप जितना अधिक इस प्रक्रिया से जुड़ेंगे। धीरे-धीरे आपकी परिपक्वता बढ़ेगी। आपका अनुभव बढ़ेगा। इस समय निदान संबंधी जो व्याख्या की जाती है, क्या वह उसका उचित रूप दिखाती है? जी नहीं। आपको अपने अनुभव और एप्रोच के बल पर निदान की व्याख्या करनी है।

इसके बाद थेरेपियों की व्यवस्था होगी यानी किस रोगी को कौन-सी थेरेपी कितने समय के लिए देनी है। वह किस थेरेपी के लिए कैसी प्रतिक्रिया दे रहा है या किसी लेवल के लिए उसकी सहनशीलता का स्तर क्या है। उसकी शारीरिक दशा और असुविधा आदि को ध्यान में रखते हुए उसके लिए थेरेपी तय होगी।

अंत में ड्रग टेपरिंग की बारी आती है। जब हम अपने रोगी को पोस्च्युरल मेडिसिन देते हैं तो उसके बाद उसके शरीर को तत्काल लाभ होने लगता है, तो ऐसी स्थिति में यह आवश्यक हो जाता है कि उसके द्वारा ली जाने वाली दवाओं की मात्रा को घटाया जाए। अगर वह एलोपैथी की दवा ले रहा है तो उसके डॉक्टर उसकी दवा के बारे में निर्देश देंगे। इसी तरह होमियोपैथी या आयुर्वेद की दवा ली जा रही थी तो उनके डॉक्टर उसकी दवा की मात्रा कम या ज्यादा करेंगे। हमारे अस्पताल या केंद्रों में रोगी की चिकित्सा के दौरान दवा की मात्रा के बारे में सभी विशेषज्ञ मिल कर निर्णय लेते हैं। किसी भी रोगी को नई तरह की दवा नहीं दी जाती। केवल उसके लक्षणों और शारीरिक दशा के मूल्यांकन के अनुसार दवा को कम या अधिक किया जाता है। ऐसा करना इसलिए भी जरूरी होता है कि थेरेपी लेने के कुछ घंटों के तत्काल आराम के बाद, अगले कुछ दिन में डाइट के साथ उसके लक्षणों में भी तेज़ी से बदलाव आता है और वह स्वस्थ होने की दिशा में अग्रसर होता है।

(74)

**Kidney Disease Reversal / Stop Dialysis Guidelines**

1. IDEAL study demonstrates that, serum creatinine is not reliable marker of kidney function.
2. IDEAL study has shown that there is no disadvantage in ignoring creatinine clearance and starting dialysis based on symptoms.
3. e-GFR does not represent the kidney function very well.
4. More Muscle Mass → higher creatinine → lower eGFR

*When to start dialysis: updated guidance following publication of the initiating dialysis early and late (IDEAL) Study. Nephrol Dial Transplant (2011) 26: 2082-2086*

## आइडियल स्टडी (IDEAL Study)

निदान संबंधी व्याख्या को और विस्तार से समझना चाहें तो हम आपको किडनी रोग या डायलसिस रोकने से संबंधित उदाहरण देना चाहेंगे क्योंकि इस रोग की चिकित्सा बहुत ही ख़र्चीली है और अंत में रोगी के बचने की कोई उम्मीद नहीं होती। इलाज के साथ-साथ उसके जीवन का अंत भी निकट होता जाता है। वह जान और माल दोनों से हाथ धो बैठता है।

स्लाइड (74) में आइडियल स्टडी के निर्देश दिए गए हैं। इसकी गाइडलाइन के अनुसार निम्नलिखित बातें कहीं गई हैं:

1. आइडियल स्टडी दर्शाती है कि सीरम क्रिएटिनिन की रैंकिंग को किडनी के सही तरह से काम करने या न करने का उपयुक्त आधार नहीं बना सकते। इसका किडनी फंक्शन से कोई सीधा संबंध नहीं है। कई बार क्रिएटिनिन अधिक होने के बाद भी किडनी ठीक तरह से काम करती है।

2. आइडियल स्टडी ने बताया है कि क्रिएटिनिन के स्तर व केएफटी रिपोर्ट आदि भी कई बार किडनी की उचित कार्यक्षमता नहीं बता पाते इसलिए रोगी के लक्षणों जैसे

शरीर में सूजन, कमजोरी, उल्टी, दस्त या उच्च रक्तचाप आदि को देख कर भी डायलसिस कर सकते हैं।

**3.** ई-जीएफआर (e-GFR) किडनी की कार्यक्षमता का उचित प्रतिनिधित्व नहीं करता। इसका मतलब है, ऐस्टीमेटिड ग्लोमर्युलर फिल्टरेशन रेट।

**4.** जितना अधिक मसल मास होगा, उतना ही क्रिएटिनिन का स्तर अधिक होगा, ई-जीएफआर उतना ही कम होगा।

जिन लोगों में मसल मास अधिक होता है, उनमें क्रिएटिनिन की मात्रा अधिक पाई जाती है, ऐसे में उनका ई-जीएफआर उतना ही कम होगा। इसका अर्थ यह नहीं लगाया जाना चाहिए कि उनकी किडनी कमजोर है। जिन लोगों का मसल मास अधिक होता है, फार्मूले के अनुसार उनका क्रिएटिनिन अधिक और ई-जीएफआर कम ही होगा और यह कोई बीमारी नहीं है। उनके मसल भी ज्यादा हो सकते हैं।

ऐसे में रिपोर्ट्स ही सही तस्वीर पेश नहीं करती। केवल रिपोर्ट के आधार पर रोगी का इलाज नहीं किया जाना चाहिए।

**Daily P R A N Sheet** (75)

| Days | B.P. ↓ | Pulse ↑ ↔ | ↑ Urine Output (If <400 Ml) | ↓ Symptoms | ↓ Swelling | ↓ Weight |
|---|---|---|---|---|---|---|
| 1 | | | | | | |
| 2 | | | | | | |
| 3 | | | | | | |
| 4 | | | | | | |
| 5 | | | | | | |
| 6 | | | | | | |

**Patients Reporting to Activate Nephrons**

## डेली प्रान शीट (PRAN, Patients Reporting to Activate Nephrons)

हमारे यहाँ जब कोई रोगी आता है तो उसके लक्षणों का पूरी तरह से अध्ययन करने के लिए हम डेली प्रान शीट तैयार करते हैं। इन्हें दिन में एक बार शाम को जांचा जाता है। दिए गए चार्ट में आंकड़े दर्ज होते हैं जैसे रोगी का रक्तचाप, हृदयगति, मूत्र की मात्रा, लक्षण, सूजन और वज़न आदि।

जब किडनी के रोगियों को ग्रेड 2 या ग्रेड 3 की थेरेपी दी जाती है तो उनका रक्तचाप घटने लगता है और अगर यूरिन की मात्रा कम हो तो यह भी बढ़ने लगती है। पहले दिन से ही सूजन कम होने लगती है और शरीर में जमा पानी निकलने से वज़न भी कम होता है।

अगर उसके लक्षणों में अंतर आता दिखाई दे तो यह एक अच्छा संकेत है यानी वह उस लेवल थेरेपी के लिए सहनशील है। अगर पल्स रेट की बात करें तो थेरेपी के बाद वह बढ़ता ही है जो कुछ समय बाद सामान्य हो जाता है। इसका रोग से संबंध नहीं परंतु दैनिक आधार पर इसकी भी जांच की जाती है ताकि किसी भी तरह की असामान्यता को तुरंत लक्ष्य किया जा सके।

**76**

**GRAD Adjustment Rule**

| Not Tolerated | | Well Tolerated |
|---|---|---|
| HDT | → | Supine position with leg raised at 10° |
| HWI | → | Dry HWI |
| DIP diet | → | 3 Step Flu diet |

## ग्रेड (GRAD) एडजस्टमेंट रूल

आप इस स्लाइड (76) के माध्यम से समझ सकते हैं कि जो रोगी हमारी इन थेरेपियों को पूरी तरह से सहन नहीं कर पाते या किसी तरह की असुविधा और बेचैनी महसूस करते हैं परंतु फिर भी इनसे लाभ पाना चाहते हैं तो उनके लिए कुछ विकल्प उपस्थित हैं।

1. मान लेते हैं कि कोई रोगी हैड डाउन टिल्ट की पोजीशन में आराम महसूस नहीं करता या उसे करने में किसी प्रकार की परेशानी हो रही है तो उसे कहा जा सकता है कि वह सुपाइन पोजीशन में लेट कर, 10 डिग्री के एंगल पर पैर ऊँचे कर ले। इससे उसे अपने लक्षणों में राहत मिलेगी।

2. यदि कोई ऐसा रोगी है जिसे गर्म पानी से भरे बाथ टब में बैठने से परेशानी होती हो या वह असहज महसूस करता हो तो उसे ड्राई सूट पहनाया जा सकता है। गर्म पानी में बैठने पर भी उसका शरीर गीला नहीं होगा पर पानी की हीट और प्रेशर उसके रोग में आराम देंगे।

3. अगर कोई रोगी ऐसा है जो डीआईपी डाइट नहीं ले पा रहा या दांतों में परेशानी के कारण वह डाइट नहीं ले पा रहा है तो उसे आरंभ में दो-तीन दिन 3 स्टेप फ्लू डाइट पर रखा जा सकता है।

एक बात पर ध्यान दें कि ये विकल्प मूल थेरेपी की तुलना में प्रयुक्त तो हो सकते हैं परंतु इनसे तत्काल लाभ नहीं मिल सकेगा। ये रोगी के लक्षणों में धीरे-धीरे राहत देंगे इसलिए जहाँ तक संभव हो सके, थेरेपी को उसके पूरे निर्देशों के अनुसार ही प्रयोग में लाया जाए।

## 77 Sitting v/s Supine v/s Supine + 10° leg raise v/s HDT

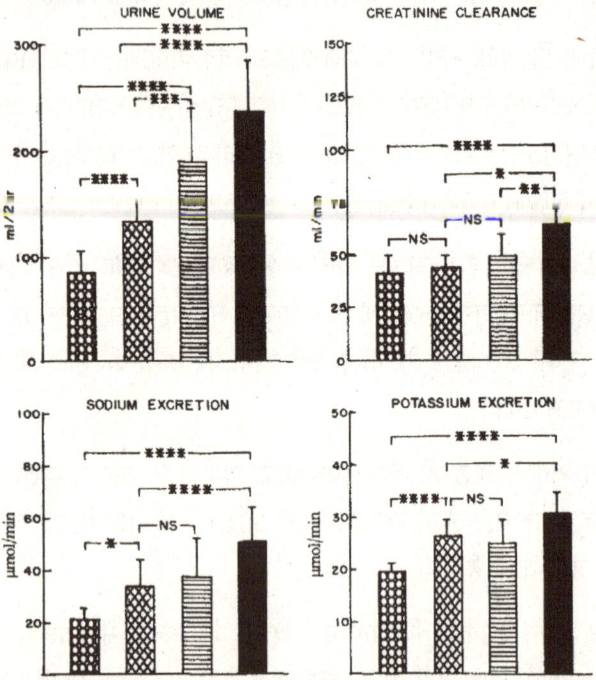


**Mean (SEM) values of urine volume, creatinine clearance, and urinary sodium and potassium excretion in fluid retaining patients in the sitting (circled bars), supine (cross-hatched bars), supine with 10° legs elevated (lined bars) and 10° head-down tilt (solid bars) postures.**

p * ≤0·05, ** ≤0·025, *** ≤0·01, **** ≤0·005.

NS: not significant.

*Head-down tilt as a physiological diuretic in normal controls and in patients with fluid-retaining states. The Lancet, Saturday 5 September 1987.*

## तुलनात्मक अध्ययन

दिए गए चार्ट (77) को देख कर आप अनुमान लगा सकते हैं कि जब रोगी अपने पोस्चर में बदलाव लाता है तो पोटाशियम व सोडियम आदि उत्सर्जन दरों में किस तरह अंतर आता है। किसी व्यक्ति के सामान्य पोस्चर / सुपाइन पोजीशन में 10 डिग्री के एंगल पर पैर ऊँचे करना, आकंडों में आने वाला अंतर पूरी तरह से स्पष्ट है। जिसका आप आसानी से निरीक्षण कर सकते हैं।

इनके आधार पर ही आप अनुमान लगा सकते हैं कि कुछ न करने की तुलना में विकल्प थेरेपी को अपना लेना बेहतर होगा।

78

**Influence of Posture on Drug Absorption**

| | | | | | |
|---|---|---|---|---|---|
| | Left Lateral Position | ● | | | |
| | Right Lateral Position | ● | ● | | |
| | Standing Position | ● | ● | ● | |
| | Fasting | ● | ● | ● | ● |

*Influence of posture on pharmacokinetics. Eur J Clin Pharmacol 2009 Feb; 65(2):109-19.*

## दवा की अवशोषण क्षमता पर पोस्चर का प्रभाव

दिए गए स्लाइड (78) को ध्यान से देखें, आप समझ सकेंगे कि अलग-अलग पोस्चर में लेटने या खड़े होने से दवा की अवशोषण क्षमता किस तरह प्रभावित होती है।

हम जो भी दवा खाते हैं, वह सीधा पेट में जाती है। पेट से उसका बहुत सारा अंश शरीर से बाहर आ जाता है। केवल कुछ अंश ही दवा के रूप में अवशोषित हो कर अंगों तक जाता है। स्लाइड (78) में बताया गया है कि अगर आप दवा ले कर बाईं करवट लेटते हैं तो दवा का बहुत कम भाग शरीर में अवशोषित होगा। यदि बाईं करवट लेटते हैं तो

दवा का अवशोषण पहले की तुलना में थोड़ा अधिक होगा। यदि आप खड़े हो कर दवा लेते हैं तो शरीर में दवा का अवशोषण दोनों करवट लेटने की तुलना में बेहतर होगा।

यदि आप दवा लेते समय खाली पेट हैं तो दवा की अधिकांश मात्रा शरीर में अवशोषित होगी।

दवा लेते समय पेट में पहले से कौन-सा भोजन पड़ा है या आपने क्या खाया हुआ है, उसका दवा के अवशोषण पर असर होता है।

यदि आपने खट्टे फलों का जूस लिया होगा तो यह अवशोषण पूरी तरह से होगा।

आपको इस विषय में यहाँ बताने का उद्देश्य यही है कि हमारे पोस्चर और पेट के भोजन का भी दवा के अवशोषण से संबंध होता है। जब जाने-अनजाने में आप शरीर के इन कारकों के कारण दवा की अधिक मात्रा अवशोषित करते हैं तो शरीर में इंस्टेंट हाइपोटेंशन होता है। शरीर का रक्तचाप घटता है और इसके कारण ही दुनिया में सबसे अधिक हार्ट अटैक होते हैं।

रसायन/दवा लेना एक अच्छा विज्ञान नहीं कह सकते या फिर विज्ञान ही नहीं कह सकते। बेहतर होगा कि आप जल्द से जल्द इन दवाओं से छुटकारा पा लें। हमारी टीम के सभी डॉक्टर मिल कर रोगी को गाइड करते हैं कि वह किस तरह अपनी दवाओं से छुटकारा पा सकता है या उनकी मात्रा को धीरे-धीरे कम करते हुए समाप्त कर सकता है।

अकसर एक समस्या सामने आती है, जब हमारे रोगी थेरेपी और डाइट के प्रयोग से बेहतर महसूस करने लगते हैं तो वे अपने डॉक्टर के पास जा कर अपनी ली जाने वाली दवा को रीमॉनीटर करने की बात करते हैं क्योंकि तब उनके शरीर को दवा की उतनी मात्रा की आवश्यकता नहीं रहती।

इस अवस्था में प्रायः डॉक्टरों का सहयोग नहीं मिलता। जब रोगी उन्हें बताता है कि उसे वैकल्पिक चिकित्सा पद्धति से लाभ हो रहा है तो हमने देखा है कि डॉक्टर उसे वांछित सहयोग नहीं देता क्योंकि उसे लगता है कि रोगी का भरोसा उसके ऊपर से हट

रहा है। उसे लग रहा है कि उसके लिए दूसरी थेरेपी कहीं कारगर थी जिसमें न कोई खर्च हुआ, न शरीर को किसी तरह के दुष्प्रभाव झेलने पड़े और उसने दुनिया की किसी भी दवा की तुलना में कहीं अधिक तेज़ी से आराम भी पाया।

मैं आपको राय दूँगा कि डॉक्टर को अपनी सेहत में सुधार बताते हुए केवल दवा कम करने या उस पर फिर से विचार करने को कहें। उसे यह न बताएँ कि आपको किस चिकित्सा पद्धति के कारण यह लाभ हुआ ताकि वह बिना किसी संकोच के आपकी दवा कम कर दे। वैकल्पिक चिकित्सा पद्धतियों के प्रति लोगों की सोच में बदलाव आ रहा है परंतु इस मुहिम को तेज़ करने के लिए आपको और हमें एक साथ कदम बढ़ाना होगा।

79

**P.E.A.C.E Protocol**

## पीस (P.E.A.C.E.) प्रोटोकॉल

हम पीस प्रोटोकॉल की बात कर रहे हैं जिसके बारे में आपने पहले भी सुना है, अब थोड़ा और विस्तार से जानें:

**'पी'** का अर्थ है, **पोस्च्युरल मेडिसिन** – जिसके बारे में हमने पुस्तक के इस भाग में विस्तार से जाना। अब आप जानते हैं कि पोस्चर में आने वाले बदलावों के साथ किस तरह शरीर में से रोगों को बाहर निकाला जा सकता है। शरीर आत्मसुधार तंत्र का प्रयोग करते हुए स्वयं पोच्स्युरल बदलाव करता है परंतु यदि हम भी अपनी ओर से उसमें कुछ और प्रयत्न कर सकें तो इस विज्ञान को अपने लाभ के लिए प्रयुक्त कर सकते हैं।

**'ई'** का अर्थ है **एलीमिनेशन** – शरीर से अनावश्यक पदार्थों के जमाव को बाहर निकालना। दवाओं से पैदा होने वाले विषाक्त पदार्थों को बाहर करना, शरीर में किसी विषैले जीव-जंतु या जानवर के काटने से फैलने वाले विष को बाहर करना यानी शरीर

से उन सभी अनावश्यक, विषैले और जमाव बना रहे पदार्थों को बाहर निकालना जिनका शरीर से कोई संबंध नहीं है और वे भोजन को ऊर्जा में बदलने की प्रक्रिया के दौरान पैदा हुए परंतु शरीर में रोग होने के कारण अपने-आप बाहर नहीं निकल सके।

**'ए'** का अर्थ है **ऑटो सजेशन** – तनाव, डिप्रेशन और आइसोलेशन की अवस्था में ऑटो सजेशन का मनुष्य के जीवन पर गहरा असर होता है। ऑटो सजेशन का अर्थ है, आत्म-सुझाव यानी व्यक्ति अपने-आप से जो कहता है। उसका अवचेतन उसके अनुसार ही अपनी प्रतिक्रिया देता है।

जैसे आप आइसोलेशन यानी किसी कमरे में अकेले रहने वाले प्रसंग को ही लें। कोरोना में कहा गया कि व्यक्ति को आइसोलेट कर दिया जाए। उसे ऐसा एक रोग है जो दूसरों के छूने या बात करने से फैल सकता है, वह दूसरों की जान लेने का ज़िम्मेदार माना जाएगा इसलिए उसे सबसे अलग रहना होगा।

ऐसे में वह व्यक्ति भी स्वयं को ऐसी ही अवस्था से घिरा हुआ मानने लगता है और यहीं से नोसबो प्रभाव सामने आता है। जिस तरह प्लेसबो प्रभाव में रोगी को यह सोचने और मानने से ही आराम आने लगता है कि उसे सही दवा दी गई है, उसकी उचित चिकित्सा हो रही है या उसकी दवा बदली गई है जिससे अब वह शीघ्र स्वस्थ होगा तो चाहे उसे कोई नई या संशोधित दवा न दी गई, चाहे उसे दवा के नाम पर मीठी गोलियाँ ही क्यों न दी गई हों, वह उन्हें खा कर ही यह मान लेगा कि उसे आराम आ रहा है और यह केवल सोच तक सीमित नहीं होगा, वास्तव में उसके शरीर में स्वस्थ होने के लक्षण दिखने लगेंगे। नोसबो प्रभाव में रोगी इसके विपरीत मानने लगता है कि अब उसके जीने का कोई मकसद नहीं रहा। वह ऐसी बीमारी से ग्रस्त है जिसका इलाज नहीं हो सकता तो उसकी कोई भी चिकित्सा कारगर नहीं हो पाती और उसका स्वस्थ शरीर भी अंततः रोगी हो जाता है क्योंकि वह ऐसा मानता है कि उसके शरीर में रोग है।

**'सी'** का अर्थ है, **सर्कुलेशन** यानी संचरण – जब भी हमारे शरीर में रक्त का संचरण सुचारु रूप से होता है तो इसका अर्थ है कि उसे भरपूर ऑक्सीजन मिल रहा है। शरीर की कोशिकाओं को भरपूर ऑक्सीजन मिलने का अर्थ है कि उसके शरीर में किसी तरह

का दर्द नहीं रहेगा। उसकी बेचैनी घटेगी और शरीर के स्वस्थ होने का एहसास बढ़ेगा जैसे आपने प्रसव वेदना वाले उदाहरण में देखा था। किस तरह किसी गर्भवती स्त्री को प्रसव के समय गर्म पानी से भरे बाथ टब में बिठा कर, दर्द रहित प्रसव करवाया जा सकता है। शरीर के सभी हिस्सों में रक्त का सही तरह से प्रवाहित होना, सभी अंगों को स्वस्थ बनाए रखता है।

**'ई'** का अर्थ है **इवेल्यूएशन** यानी मूल्यांकन – हमने आपको एक चार्ट की सहायता से दिखाया कि किस तरह रोगी की दैनिक अवस्था का मूल्यांकन करना आवश्यक होता है। उसे जो थेरेपी दी गई थी, उसका शरीर पर क्या असर हुआ। उसे जो डाइट दी गई थी, क्या उसमें कोई फेर-बदल करनी है। क्या कल उसके लिए थेरेपी के घंटों में कुछ बदलाव लाने की आवश्यकता है? इन सभी बातों को मूल्यांकन के आधार पर तय कर सकते हैं।

## साक्ष्य (Testimonials)

हमारे यहाँ अस्पताल में या हमारे वर्चअुल ओपीडी मे जो भी रोगी आते हैं। हम उन्हें केवल रिपोर्ट के आधार पर नहीं जांचते। अब आप जान चुके हैं कि केवल रिपोर्ट के आधार पर रोगी की उचित शारीरिक अवस्था का पता नहीं चल सकता। ऐसा करना उसके लिए जानलेवा भी हो सकता है। हम रोगी के लक्षण देखते हैं और फिर हमारे अनुभव विशेषज्ञ डॉक्टर रोगी की मॉनीटरिंग करते हुए उसके लिए उचित थेरेपी और डाइट तय करते हैं। दैनिक चार्ट में लिखे आंकडों की मदद से रोगी की दशा का मूल्यांकन करने में मदद मिलती है।

जब से इन थेरेपियों पर काम हो रहा है। हमारे बहुत से रोगियों ने इन्हें प्रयोग में लाना आरंभ कर दिया है और अब आप हमारी वेबसाइट पर जा कर उनके टेस्टीमोनियल देख सकते हैं। उन्होंने थेरेपियों और डाइट के प्रयोग के साथ ही ऐसे अद्भुत नतीजे प्राप्त किए हैं जो वास्तव में उल्लेखनीय हैं और अपने-आप में किसी चमत्कार से कम नहीं हैं।

कृपया निम्नलिखित वेबसाइट पर जाएँः

www.Coronakaal.tv/GRADtestimonial

## Daily P R A N Sheet (For Kidney / Liver Patients)

**Arrow represents the expected outcome of the patients on GRAD system**

| Days | B.P. ↓ | Pulse ↑ ↔ | ↑ Urine Output (If <400 Ml) | ↓ Symptoms | ↓ Swelling | ↓ Weight |
|---|---|---|---|---|---|---|
| 1 | | | | | | |
| 2 | | | | | | |
| 3 | | | | | | |
| 4 | | | | | | |
| 5 | | | | | | |
| 6 | | | | | | |
| 7 | | | | | | |
| 8 | | | | | | |
| 9 | | | | | | |
| 10 | | | | | | |
| 11 | | | | | | |
| 12 | | | | | | |
| 13 | | | | | | |
| 14 | | | | | | |
| 15 | | | | | | |
| 16 | | | | | | |
| 17 | | | | | | |
| 18 | | | | | | |
| 19 | | | | | | |
| 20 | | | | | | |
| 21 | | | | | | |
| 22 | | | | | | |
| 23 | | | | | | |
| 24 | | | | | | |
| 25 | | | | | | |
| 26 | | | | | | |
| 27 | | | | | | |
| 28 | | | | | | |
| 29 | | | | | | |
| 30 | | | | | | |

## Daily P R A N Sheet (For Kidney / Liver Patients)

**Arrow represents the expected outcome of the patients on GRAD system**

| Days | B.P. ↓ | Pulse ↕ ↔ | ↑ Urine Output (If <400 Ml) | ↓ Symptoms | ↓ Swelling | ↓ Weight |
|---|---|---|---|---|---|---|
| 31 | | | | | | |
| 32 | | | | | | |
| 33 | | | | | | |
| 34 | | | | | | |
| 35 | | | | | | |
| 36 | | | | | | |
| 37 | | | | | | |
| 38 | | | | | | |
| 39 | | | | | | |
| 40 | | | | | | |
| 41 | | | | | | |
| 42 | | | | | | |
| 43 | | | | | | |
| 44 | | | | | | |
| 45 | | | | | | |
| 46 | | | | | | |
| 47 | | | | | | |
| 48 | | | | | | |
| 49 | | | | | | |
| 50 | | | | | | |
| 51 | | | | | | |
| 52 | | | | | | |
| 53 | | | | | | |
| 54 | | | | | | |
| 55 | | | | | | |
| 56 | | | | | | |
| 57 | | | | | | |
| 58 | | | | | | |
| 59 | | | | | | |
| 60 | | | | | | |

## Daily P R A N Sheet (For Kidney / Liver Patients)

**Arrow represents the expected outcome of the patients on GRAD system**

| Days | B.P. ↓ | Pulse ↕ ↔ | ↑ Urine Output (If <400 Ml) | ↓ Symptoms | ↓ Swelling | ↓ Weight |
|---|---|---|---|---|---|---|
| 61 | | | | | | |
| 62 | | | | | | |
| 63 | | | | | | |
| 64 | | | | | | |
| 65 | | | | | | |
| 66 | | | | | | |
| 67 | | | | | | |
| 68 | | | | | | |
| 69 | | | | | | |
| 70 | | | | | | |
| 71 | | | | | | |
| 72 | | | | | | |
| 73 | | | | | | |
| 74 | | | | | | |
| 75 | | | | | | |
| 76 | | | | | | |
| 77 | | | | | | |
| 78 | | | | | | |
| 79 | | | | | | |
| 80 | | | | | | |
| 81 | | | | | | |
| 82 | | | | | | |
| 83 | | | | | | |
| 84 | | | | | | |
| 85 | | | | | | |
| 86 | | | | | | |
| 87 | | | | | | |
| 88 | | | | | | |
| 89 | | | | | | |
| 90 | | | | | | |

# 3 Months Online Certification

on

# Advance Nutrition Therapy

from

## Lincoln University College, Malaysia

**Overview:** From common cold to Cancer, from headache to heart attack, you can be your own healer. This training comes with a unique tool kit packed with 28 ingredients, the right combination of it can work as a medicine for more than 60 kinds of common illnesses. This training will empower you with skills to heal and will make you realize that your home is the best place to reclaim your health.

**Duration:** 3 Months

**Content:**

- Diagnosis of Lifestyle Illness
- Diagnosis of Infectious Diseases
- Food –Medicine Interaction
- Mechanism of Medicine in Body
- Mechanism of Food in Body
- When the Food is Medicine
- When Medicine is Poison
- Common Kitchen Herbs and their Medicinal Usages
- Timeline of Recovery of Common Illnesses
- Food Calculation for Overall Nutrition
  Plants V/S Animal Food

**Take-Home Material :**

- Hospital in a Box
- Game of Life Chart
- Snake Ladder Nutrition Game
- Reference Book

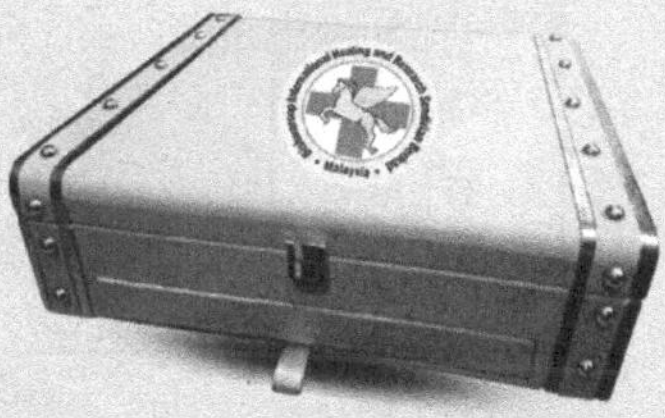

**Course Fee: INR 21,000/- (including GST + Courier)**

**Mode of Training: Online/ viva (oral examination) through a video call**

## To register go to www.biswaroop.com/mn

**CALL US : +91-9312286540 MAIL US: biswaroop@biswaroop.com**

एक परिवार दो संतान मिशन

How India will be a Developed Country ?

Population explosion is a major problem before upcoming India. Today our population is reaching to the figure of 140 crores. Government has tried its level best to control this increasing population. Since 1947 Government has applied to various schemes under family planning programmes, but because of certain reasons these all efforts proved to be ineffective and population which was only 35 crores in 1947, now has become 140 crores. So it is very much required to take drastic steps not to control our population but to halt this population explosion. China which is the leader of the world has adapted one family one child proforma and formulated a law to abide by and as a result of this now China's population has come to standstill. Though China is no.1 in the world in case of population it has three times more land than India, that means it has three times more natural resources but India and China's population are almost same and it is expected that India will surpass this figure of China in coming years. Everybody knows because of this population explosion our country is facing series of problems, we are in the list of developing countries. Our per capita income is just $7600 per year, where is to become a developed country more than $12000 per first year per capita income is required. So we have to take much efforts, to control our population at this stage by fraiming a law stating that every couple must have 2 children or less. If any couple break this law then there should be a provision that the third offspring will not have any fundamental rights as a citizen of India and he /she will not have the right to vote in any election of India. Further more the couple should be prosecuted for this offence. If this is done, then automatically our population growth will come to standstill and this will be the solution of almost all problems of common man in India. So it is very much essential that this demand of framing the law should be supported by all citizens irrespective of caste, religion, creed in India. People can do this because they are the Sovereign

**To support the mission and get regular updates,**
**Whatsapp "I Support" at : 7758067140**